# भय भी शक्ति देता है

# भय भी शक्ति देता है

लीलाधर जगूड़ी

राजकमल प्रकाशन

ISBN : 978-81-7178-227-7

**मूल्य : ₹** 595



**पहला संस्करण :** 1991
**पाँचवाँ संस्करण :** 2017
This book is printed on **Print on Demand** Technology : 2026

**प्रकाशक :** राजकमल प्रकाशन प्रा. लि.
1-बी, नेताजी सुभाष मार्ग, दरियागंज
नई दिल्ली-110 002
**शाखाएँ :** अशोक राजपथ, साइंस कॉलेज के सामने, पटना-800 006
पहली मंज़िल, दरबारी बिल्डिंग, महात्मा गांधी मार्ग, प्रयागराज-211 001
1, अनमोल सोराबजी सन्तुक लेन, धोबी तलाव, मरीन लाइंस, मुम्बई-400 002

वेबसाइट : www.rajkamalprakashan.com
ई-मेल : info@rajkamalprakashan.com

BHAYA BHI SHAKTI DETA HAI
*Poems by* Leeladhar Jagoodi

*पिता*
*पंडित कमलाप्रसाद जगूड़ी*
*को*
*जिनके कारण इस दुनिया में होने का भाग्य मिला*
*बचपन में मरने से बचा*
*और*
*जिनसे जाना कि संसार से*
*सच्ची विरक्ति असंभव है।*

## क्रम

# बुरे वक़्त की कविता

## बुरे वक़्त की कविता

अच्छी कविता मैं तुम तक नहीं पहुँच सकता
परसों तो मैं इतना ठीक-ठाक था
कि किसी के बारे में भी चिंतित नहीं था
कल मैं सोच सकता था तुम्हारे बारे में
मुझे याद है दोपहर तक मेरी जीभ पर स्वाद था
यहाँ तक कि एकदम निखित्त और मुँहज़ोर चीज़ों का
मनमाना स्वाद
अच्छी कविता मैं तुम तक नहीं पहुँच सकता

आज मैं आया। थका-माँदा
एक किलो आलू का भाव दस पैसा घटाने में
पूरी झिकझिक के बाद भी नाकामयाब
हर बार चार आना और महँगा आलू
दुनिया की आधी आज़ादी की तरह ख़रीदे

तब तक सुनाई दिया कि चार लोग आए थे
और सुई तक नहीं छोड़ गए बग़ल के घर में
बग़ल का घर सुनकर मैंने राहत की साँस ली
अच्छी कविता मैं तुम तक नहीं पहुँच सकता

अच्छी कविता मैं जब-तब बीमार पड़ जाता हूँ
आत्मबल से काम लेना चाहता हूँ
पर तब तक आ जाती हैं चिट्ठियाँ कि घर में कलह बढ़ गया है
पिता जी चाहते हैं पाँच सौ का मनीआर्डर
गरम कुर्ते-पजामे का कपड़ा
ठंढ बढ़ गई है और उन्हें टिहरी जाना पड़ता है
मुक़दमे पर

अच्छी कविता मुझे सिरदर्द रहता है चक्कर आ जाते हैं
नीला-पीला दिखने लगता है। खून तक नहीं दिखता है लाल
रात मुझे नींद के बाहर खड़ा रखती है
परिवार की सारी गरदनें कटी हुई दिखती हैं

अच्छी कविता क्या इसे इस तरह कहूँ कि अहा !
किस सरलता से मरने का इंतजाम किया है
खदेड़े जाने को मैं कैसे कलात्मक बनाऊँ
क्या कला की हत्या कर दूँ उसके बिना कहने की कोई कला लेकर
पूरा जीवन केवल एक बात क़ायदे से कहने के लिए
कितनी बार नष्ट करने की ज़रूरत है

अच्छी कविता ख़राब परिस्थितियों पर भी एक अच्छी कविता
मैं तुम्हें लिख नहीं सकता वैसा
वैसा मुकम्मिल विनम्र और संयमी
जिसका निरपराध शिल्प एक बिखरे हुए आदमी को
हताश कर डालता हो
जिसमें उदास लोग कलात्मक होकर
आलसी और ज़ाहिल दिखते हों
जाने कब कोई ख़राब कविता यह चकमा दे जाए
कि वह अच्छी कविता है
अच्छी कविता मैं बहुत ख़राब आदमी हूँ
मुझसे कम ख़राब तो मेरे बच्चों की माँ है
मुझे ग़ुस्सा आ जाता है घृणा कर बैठता हूँ
दया आ जाती है तरस खा बैठता हूँ
पर उसको जाने वह कौन-सी हँसी आ जाती है
बाद में जिसका वह रोना रोती है

अच्छी कविता क्या-क्या चीज़ें तुम्हें वाक़ई पसंद हैं
मात्र कुछ घटनाएँ या सिर्फ़ कुछ वाक्य या केवल शब्द ही
मैं तुम्हारे बारे में बहुत नहीं सोच सकता
मुझे दवाओं के पैसे चुकाने हैं दूध का हिसाब करना है

क्या तुम्हें ज़िंदा और स्वस्थ और फ़क़त कामयाब
आदमी ही पसंद हैं
बीमारी और उधारी से घिरे हुए लोग नहीं
जो दुःस्वप्नों में भी शब्दों को संगठित करते हैं

अच्छी कविता मेरी जान-पहचान के बहुत-से मारे जा चुके हैं
बिना गरदन घुमाए मैं देख सकता हूँ
अपने कुछ पुराने दिनों में जहाँ बहुत सारी झेली हुई
विपदाओं के जाने हुए अंत हैं
उतनी दूर सुँघाई देता है कि कुछ सड़ रहा है
उसके साथ-साथ जो बताते हैं कि सुंदर था

जो कहते हैं कि सुंदर है उसके साथ अच्छी कविता
तुमको न कभी सिरदर्द होगा न कभी क़ै होगी
तुम्हारे न पेट जैसे अघोरी न दिल जैसे चालू
न दिमाग़ जैसे अनाप-शनाप तथ्य होंगे

न मरने का न छीजने का न सड़ने का डर होगा
न पसीना छूटेगा न टट्टी रुकेगी न पेशाब
अच्छी कविता तुममें कोई झंझट नहीं
जबकि ख़राब कविता और मुझमें कई झगड़े हैं
कई बार हम एक-दूसरे को ख़त्म कर देना चाहते हैं।

—1981

## अब इतने दिनों बाद

एक अच्छाई । एक बुराई
बुराई पर अच्छाई की जीत दिखाते- दिखाते
बढ़ते जा रहे हैं दु:ख
और ठीक उसी तरह बढ़ती जा रही है बुराई
और अच्छाई घटती जा रही है

इतना रोना रोते हैं हम आदर्शों का
सद्‍गुणों का । मूल्यों का
हज़ारों साल से कुछ न कुछ कहते चले आ रहे हैं

ओह ! कितना दम है बुराइयों में
कितनी कमज़ोर हैं अच्छाइयाँ
बस एकमात्र आदर्श यह नज़र आता है
कि कमज़ोर का पक्ष लो
इस आदर्श वाक्य से पता लगता है
कितना कमज़ोर हो गया है कमज़ोर का पक्ष

नैतिकता । ब्रह्मचर्य
उपकार । सेवा-सुश्रूषा
सहिष्णुता, उदारता और विश्वास
हज़ारों साल से चला आ रहा है इनका आग्रह
क्यों नहीं आ जाते जीवन में
अब इतने दिनों बाद ये अनायास ?

—1982

# बयासी का बसंत

कितने कम अँधेरे कितने ज़्यादा उजाले में लिखूँ
जो बयासी के बसंत पर कविता भी हो और जिसमें
शब्दों की मितव्ययिता भी हो

जहाँ- जहाँ गोलियाँ दागी गईं क्या वहाँ- वहाँ फूल दाग दूँ
घावों पर क़सीदे काढ़ दूँ
चुराए गए बच्चों के लिए लिख दूँ कि उनके चेहरे फूलों-जैसे थे
लापता लोगों के लिए कह दूँ कि वे कहीं मौज मार रहे हैं

यह नहीं कहूँगा कि उनकी याद में आप मौन धारण करें
बल्कि कहूँगा कि बस ज़रा याद करें
याद करें कि किन मरे हुओं को मरे हुए
किन खोए हुओं को खोए हुए आज कितनवाँ बरस हो गया
कुछ को तो एक हफ्ता भी नहीं हुआ है अभी

उनकी बातों के स्वाद, उनके शरीर की गंध
अँधेरे में बिल्कुल उन्हीं के चले आने की आवाज़ें आती हैं
कई सारे खटके ऐसे कि उजाला छा जाता है
उनके रंग- रूप दिखने लगते हैं

हो सकता है उन्हें मालूम रहा हो कि बसंत आएगा
क्योंकि उनके जीते जी भी चिड़ियाँ जंगल का बीज
जंगल से बाहर ले जा रही थीं
और जो पक गए थे उनके पतन को भी ज़मीन छिपा रही थी
सिर्फ बीज ही हैं जो अपनी क़ब्र में जाकर सड़ नहीं जाते
देखिए फूल ही फूल खिले हैं
पर यह भी देखिए कि फूलों की आँखों से ही

आख़िर कितना देखा जा सकता है
जबकि कोई लंबा हिमपात घरों तक आ गया हो

फिर भी अदृश्य पुलों से हर वर्ष करोड़ों बीज
धाराओं को लाँघते हुए पार चले जाते हैं
ख़ुद-ब-ख़ुद शिकारगाहों में बदल जाते हैं
फिर कुछ प्राण दूसरों के लिए ज़रूरी भोजन की तरह उगते हैं
और अदृश्य रसोई में चले जाते हैं

बहुत कुछ मिट गया शायद बसंत आया है
फूलों की आँखों से ही आख़िर कितना देखा जा सकता है

आधा एक बार आधा किसी दूसरी वार देखने के लिए छूटे हुए
घरेलू सपने में
पिछले दस वर्षों से कहीं ज़्यादा गाढ़ा ख़ून बह रहा है
नई- से नई हवा भी ग्रहणवाले दिन की तरह धुँधली है
और हरेक पेड़ के नीचे एक मुर्दा पड़ा है

सपनों की गूँगी नदी के किनारे
घने पेड़ भी जहाँ पीछे छूट गए हैं
एक उदास उँघाती जगह पर
चट्टानों के दिमाग़ से निकलकर
कोई अकेला पौधा मौत की इंतज़ार में है

कीड़े जिसे ख़ुशी-ख़ुशी खा रहे हैं
जिसके चारों ओर बसंत की ठंडी रात कंबल की तरह लिपटी हुई है
जिसकी बुद्धिमानी और मूर्खता और हिम्मत के मिले-जुले फूल
मरते-मरते भी किसी क्षण दिख सकते हैं
पर फूलों की आँखों से ही आख़िर कितना देखा जा सकता है

अपनी उपस्थिति में मरे हुए फूलों की ख़ुशबुएँ
याद करके देखिए

और सोचिए कि इस साल के फूल
किस धर्म किस जाति किस वर्ण के फूल हैं
जिन फूलों से पहले बच्चों के चेहरे याद आते थे
शातिर बदमाशों के चेहरों पर भी वही रंग है
फिर भी बसंत आया है और अपने लायक़ नया साल
अग्रिम जमानत पर छुड़ा लाया है।

—1982

# गिरी हुई चीज़

सोई हुई सारी सृष्टि में
जाग रही है एक गिरी हुई चीज़
एक गिरी हुई चीज़ रहती है
इस सृष्टि में खोई हुई

चारों ओर फैली है
गिरी हुई चीज़ की
खोई हुई आहट
चारों ओर फैली है
खोई हुई चीज़ की उदासी

जगी हुई है खोई हुई चीज़
सोई हुई हैं सँभालकर रखी हुई चीज़ें ।

—1989

## हत्यारा

हत्यारा पहने हुए है सबसे महँगे कपड़े
हत्यारे के सारे दाँत सोने के हैं पर आँतें पैदाइशी
हत्यारे के मुँह में जीभ चमड़े की मगर चम्मच चाँदी का है

हत्यारे का पाँव घायल मगर जूता लोहे का
हाथ हड्डी के मगर दस्ताने प्लेटिनम के हैं

हत्यारे के पास करने को हैं कई वारदातें
कई दुर्घटनाएँ
देने को हैं कई जलसे कई समारोह
कई व्यवस्था- विरोध और कई शोक-सभाएँ

मगर अब तो वह विचार भी देने लगा है
पहले विचार की हत्या के साथ

हत्यारा चाहता है तमाम सुंदर और मज़बूत विचार
हत्याओं के बारे में
वह चाहता है जितने भी सुंदर और मज़बूत विचार हों
सब उसी के हों
वह फेंके और विचार चल पड़ें
वह मारे और विचार जीवित हों
वह गाड़े और विचार फूट पड़ें
हत्यारा पूरा माहौल बदलना चाहता है

वह आए और शब्द सन्नाटे में बदल जाएं
वह बोले और भाषा जम जाए
हत्या हो समारोह हो और विचार हों सिर्फ़ उसके।

—1983

## अवदान

अभद्रता ने जगाई हम में अधिकतम शिष्ट होने की प्यास
अविश्वसनीय आचरण ने बनाया हमें
आपस में विश्वास योग्य

सनक ने बनाया हमें निश्चित धारणाओंवाला
मुखौटों से पहचानी हमने खोई हुई आकृतियाँ
(जिन पर शक्ति का डर चित्रित था)

टकराकर पहचानी हमने अपनी नंगी कमज़ोर आत्माएँ
स्तुति से जाना हमने निंदा किसे कहते हैं ।

## जितना मुझे मालूम था

रेडियो पर गाना बज रहा है ज़ोरों से
कुछ लोग झगड़ रहे हैं आपस में या चोरों से
बच्चों के रोने की आवाज़ आ रही है भोर से
क्या हो रहा है अंदाज़ा नहीं लग पा रहा है
शोर से

शायद लूट। मार। क़त्ल और बलात्कार
मुझे सिर्फ़ इतना मालूम है
कि रेडियो पर गाना बज रहा था ज़ोरों से

देर बाद वहाँ जाता हूँ जैसे सदियों बाद
कभी आया नहीं था मैं उनके घर
वहाँ न घर है न लोग हैं
किसको मारकर कहाँ चले गए हैं वे
औरत बच्चे या घर के मर्द को या सबको ?
किसको मारकर कहाँ चले गए हैं वे

कभी आया नहीं था मैं उनके घर
पर अगर आता
तो उनके सुख से पहचानता या उनके दुख से उन्हें

जो आए थे उनके घर
उन्होंने उन्हें किस तरह पहचाना ?
किस शक्तिशाली का डर लेकर आए थे वे
अगर उन्हें जानता तो मैं नहीं जानता
कि किस नतीजे पर वे मुझे छोड़ते

काफ़ी देर बाद पहुँचा हूँ मैं जैसे सदियों बाद
न घर है न लोग हैं वहाँ
डैने फैलाए बैठा है एक पत्थर
ख़ामोशी से सिर खुजलाता एक जानवर
शांति सर-सरा रही है

एक भी घरेलू झंझट नहीं था वहाँ पूरे घर सहित लाश ग़ायब
जहाँ पर ज़्यादा मक्खियाँ हैं वहीं पर रही होगी लाश

अब मुझे भी कुछ दिन यहाँ से चला जाना चाहिए
भाग जाना चाहिए
क्योंकि जितना मालूम है
उससे कहीं ज़्यादा मालूम होना चाहिए था मुझे

कोई न कोई ज़रूर पूछेगा मुझसे
क्या हुआ था उनके घर ?
अगर मैं समय पर नहीं पहुँच सका था तो अपने घर से
हल्ला तो मचा सकता था उनके घर के बारे में

डरा मैं और मरा मेरा पड़ोसी
मेरी वजह से उजड़ा है एक घर
मेरी वजह से कमज़ोर बने हैं कुछ लोग
ठीक जैसे कि कुछ लोग शक्तिशाली
क्योंकि जितना मालूम है
उससे ज़्यादा मालूम होना चाहिए था मुझे
कुछ दिन मुझे यहाँ से दूर चला जाना चाहिए
जहाँ किसी मौत का लयबद्ध विलाप न हो

खोया हुआ सार तत्व उड़ा हुआ रंग चेतावनी देता है
कहीं दूर चला जाना चाहिए
कुछ दिन इस तटस्थ रास्ते पर चलना बंद कर देना चाहिए
कुछ दिन भुला देना चाहिए याद करना

कुछ दिन पीठ फिरा देनी चाहिए
कुछ दिन अपने से अलग हो जाना चाहिए
पत्थर से झरती हुई रेत की तरह
बदल जाना चाहिए बंजर सन्नाटे में

हत्या किसी और की नहीं हुई
इस जगह को नई ज़मीन में बदलते हुए
इस हत्या से जन्म लेना चाहिए मुझे
हत्या किसी और की नहीं हुई
हत्या किसी और की नहीं हुई।

—1987

## परिवारवाही

उद्गम पर उतनी नहीं
जितनी अपने अंत में होती है नदी
शुरू में केवल एक बूँद अंत में पूरा समुद्र

बहुत सी सुंदर जगहें हैं समुद्र में
पर सबसे सुंदर उसके तट हैं
जहाँ से चाहो तो समुद्र में चले जाओ
चाहो तो लौट आओ बियाबान या नगर में
पृथ्वी के कटिबंध पर एक गुलदस्ते की तरह समुद्र
क्षितिज को इधर-उधर खिसका रहा है

लहरों के सफ़ेद गुच्छों से भरे हुए हैं दोपहर के पहाड़
तूफ़ानों से भरा हुआ एक आईना
डगमगा रहा है आसमान में

अशांत सपनों से ठसाठस भरे हुए जहाज़
नई उपलब्धियों से भरी हुई जर्जर नावें
एक बूंद अगर अंत तक पहुँच जाए
तो बहुत कुछ तैराया जा सकता है

मैं एक परिवारवाही आदमी हूँ
मुझ पर हज़ार आफ़तें लदी हैं
बूँद तुम कब नदी बनोगी। कब समुद्र बनोगी
तुम कितना बोझ उठा सकोगी। मुझे पार होना है एक जहाज की तरह।

—1984

## रोज़ एक कम

रोज़ हम में से कोई चला जाता है
रोज़ हम में से कोई खो जाता है
रोज़ हम में से कोई लापता हो जाता है
सबके सब हम कभी ग़ायब नहीं होते
सबके सब हम कभी नहीं होंगे ख़त्म

रोज़ हम में से एक न एक का चला जाना
रोज़ हम में से एक न एक का खो जाना
रोज़ हम में से एक न एक का कम हो जाना
घड़ी दो घड़ी में भूल जाते हैं हम

लेकिन ताज्जुब है कभी भी उस एक का
खाना नहीं बचता
कभी भी उस एक के सोने की जगह सूनी नहीं रहती

हम में से कोई उसका खाना खा जाता है
हम में से कोई उसकी जगह सो जाता है
हम में से कोई उसकी जगह काम पर लग जाता है
हम में से कोई उसकी जगह बैठ जाता है
हम में से फिर कोई चला जाता है
फिर कोई खो जाता है फिर कोई कम हो जाता है

हमें हमारे अलावा ही कोई गिन सकता है
सुबह हम कितने थे और कितने रह जाते हैं शाम को
शाम को हम कितने थे और कितने रह जाते हैं सुबह को
हममें से रोज़ कोई कम हो जाता है।

—1985

## मरने से पहले

वह समय जा रहा था जो हाथ नहीं आ रहा था
इसलिए एक चीज़ हाथ में ली और दूसरी चीज़ से भिड़ा दी
आवाज़ आई ज़िंदगी एक भिड़ंत है

इस क्षण के बाद खड़े क्षण के आते ही जो क्षण आएगा
इस दिन के बाद खड़े दिन के आते ही जो दिन आएगा
इस व्यक्ति के बाद खड़े व्यक्ति के आते ही जो व्यक्ति आएगा
उसे भी अतीत में जोड़ दिया जाएगा

मैं जब बूढ़ा हो जाऊँगा तब भी परिवार से
अपने संबंध वापस नहीं ले पाऊँगा
अगर धीरे-धीरे सारे संबंध वापस ले भी लूँ
सारे जुड़ाव सारे अनुराग वापस ले भी लूँ
एक-एक चीज़ से एक-एक कर अपना प्रेम उठा भी लूँ
तो भी मैं अकेला नहीं हो पाऊँगा
पर उसके बाद भी मैं उन चीज़ों को वापस नहीं ला पाऊँगा
फलने-फूलने के लिए किसी को भी मेरी सलाह की ज़रूरत नहीं है
मेरे बिना भी वे अग्रसर होंगे

जो क्षीण हो रहे हैं या नष्ट
वे भी कह रहे हैं हम परिवर्तित हो रहे हैं

एक दिन वे फूलेंगे-फलेंगे अपने अनुभव के लाभ से
धीरे-धीरे उनकी भूलों का हिस्सा होता जाऊँगा मैं
वे एक दिन बूढ़े होकर भी ख़ुद को वापस नहीं ले पाएँगे
वे अपनी संतानों से असहमत बूढ़े पिता
अचानक मेरी वायवीय उपस्थिति के पास आएँगे

और कहेंगे पिता तुमने बहुत सहा और कम कहा
माँ तुमने सहे अपने और पिता के बीच हमारे विकराल दुख
तुम्हारा अपनापा तुम्हारा बुढ़ापा छा गया है हम पर

सारे संबंधों को भुना लिया है हमने
मरने से पहले हम इतने अकेले हो गए हैं।

—1988

## एक डरी हुई आत्मा

हो सकता है आप भी एक डरी हुई आत्मा हों
मेरी तरह सशरीर साहस की तलाश में हों
क्योंकि जो हैं वे भय के कारण ही साहसी हैं
मैं आपका स्वागत करता हूँ
ताकि थोड़ा ही सही साहस कहीं दिखे

चतुर असंयमी संयमी हो जाते हैं
मूर्ख संयमी तड़पते रहते हैं असंयम में
मौत अच्छी हो जाने से सारा जीवन अच्छा नहीं हो जाता

आपको डर है आप मुझे समझ नहीं पाएँगे
मुझे डर है मैं आपको पसंद नहीं आऊँगा
यदि कहूँ कि सुख में भी दुख उठाए
तो पता नहीं आप क्या कहेंगे
यदि कहूँ कि दुख में भी कुछ सुख उठाए मैंने
तो पता नहीं आप क्या सोचेंगे
आपका कहना आपके सोचने से बिल्कुल अलग न हो
मुझे डर है
सभ्यता ने जिस तरह सुखी होना सिखाया है
जिस शैली में दुखी दिखना सिखाया है
उस तरह का न दिखा आपको मेरा लहकना
मेरा संकोच तो मुझे डर है

आपके और मेरे अलावा
बहुत सारे सुख हैं इस दुनिया में
पर उन्हें किसी भी वक़्त खो देने का डर है
त्यागकर ही जिन्हें बचाया जा सकता है

कहते हैं प्रबुद्ध जन जगह-जगह छितरे हुए हैं भय के बीज

हर कहीं उग आते हैं अनिष्टों भरे जंगल
मारे डर के प्रौढ़ घनिष्ठों के पास जाता हूँ
पर कनिष्ठों में दिखता है मुझे सबसे ज़्यादा साहस
हल हो जाने पर किसी भी कठिनाई से
एक सरल-सा सुख टपक आता है
सुख के बीज फैलाते हैं दुख के झाँकड़
दुख के झाड़ खिलाते हैं सुख के ऊट-पटाँग फूल ।

—1989

# मंदिर लेन

## मंदिर लेन

### 1

जी हाँ यही है मंदिर लेन जो क़ब्रिस्तान को जाती है
तेरह साल से मरे हुए जीवित आदमी के गिरोह से
निकलकर गंगू चमार मुख़बिर बनने के बाद इसी में पागल हुआ

जिसने सात फ़र्ज़ी आदमी मरवाए
जो अक्सर चीख़ता रहता था कि वे सातों ज़िंदा हैं
और रोज़ चाय पीने आते हैं होटलों में
अँधेरे में घात लगाए बैठे रहते हैं
गंगू कहता—गंगू की जान ख़तरे में है
अख़बार कहते—यह हरिजन उत्पीड़न का मामला है

एक अदृश्य हाथ आता और गंगू को पीटने लगता
अदृश्य टाँग आती और कोने में छिपे गंगू को लँगड़ी मार देती
एक अदृश्य पैर आता और बीच सड़क पर गंगू को लातें मारने लगत

इसी गली में घूमते रहते थे गंगू के चारों ओर गंगू के
अदृश्य हत्यारे
जिन्हें वह मुख़बिर बनकर पुलिस से मरवा चुका था
एक दिन अपनी मार खाते-खाते गंगू ने चीख़ते-चीख़ते दम तोड़ दिया
कहते हैं कि वह बेहद क़ानूनपसंद आदमी था

जी हाँ यही है मंदिर लेन जो क़ब्रिस्तान को जाती है
आपको कहाँ जाना है ? नाले पार वाले बाग़ में ?
जहाँ एक मुँडा हुआ सिर मिला था जो बाद में
किसी रामपिरीत नामक व्यक्ति का बताया गया

जिसे कई दिन से रिश्तेदारी में गया हुआ बताते थे
बाद में वह सिर मिठाईलाल धोबी का सुना गया

इस प्रकार कुछ दिन बाद वह सिर न रामपिरीत का रह गया
न मिठाईलाल का
सिर्फ़ किसी धोबी-ओबी का होकर रह गया
वैसे मिठाईलाल की भी सिर सहित दो लाशें मिली थीं
एक पिछले साल पुलिस ने बताई थी एक अब
हत्यारे ने बताई है नलकूप से बँधी हुई

पिछले सालवाले मिठाईलाल की लाश कुर्ता-लुंगी
और गमछेवाली थी
इस सालवाला मिठाईलाल पैंट-बुशर्ट में मिला
दोनों लाशों के पुलिस ने फोटो कराए हैं
घर में मिठाईलाल का अपने दोस्तों के साथ एक फ़ोटो है
दोस्तों को हत्या के संदेह में गिरफ्तार कर लिया गया है
एक साथ नहीं होने चाहिए दोस्तों के फ़ोटो

जी हाँ यही है मंदिर लेन जो क़ब्रिस्तान को जाती है
आपको कहाँ जाना है नाले पार वाले बाग़ में
जहाँ पिछले साल एक कटा हुआ हाथ मिला था
जो बाद में फ़ज़ल चिरानी का बताया गया
फ़ज़ूल चिरानी का उसके बाद कुछ नहीं मिला
क्योंकि गुमटी के पीछे जो धड़ मिला वह सरोवर सिंह का बताया गया
फ़ज़ल सिर्फ़ एक आराकश हाथ का नाम तो नहीं था

सही पहचान तो तब होती जब सरोवर सिंह का सिर मिलता
पर उतनी चौड़ी छाती न रामपिरीत की थी न फ़ज़ल की
इसलिए यह मान लिया गया कि हो न हो
यह धड़ सरोवर सिंह का ही हो

अगर हाथ धड़ और सिर सब रामपिरीत के मान लिए जाएँ

तो फ़ज़ल और सरोवर सिंह का अभी तक कुछ नहीं मिला
एक आदमी की शिनाख़्त के लिए पूरे दो आदमी मिटाने पड़ेंगे
या फिर किसी का एक हाथ मिलने से ही उसकी
पूरी मौत तय करनी पड़ेगी या फिर
हर हिस्से पर गुदा हुआ होना चाहिए शरीरवाले का नाम
क्योंकि अमवाड़े में जो टाँग मिली है उसे अब सुंदरपुर के
किसी तीरथ की बताते हैं
और जो बेहोश-सी औरत पड़ी मिली थी नाले के पास
जो भी जिस नाम की वह देवी या बाई रही हो
जिसके कपड़े एकदम नए-से थे
वह एक अज्ञात औरत की लाश थी

लाश औरत की हो और पूरी हो सबको अचरज था
उठाते ही पता चला की फाड़कर पहनाए गए कपड़ों में
वह एक सिली हुई लाश थी

मर्द बताते हैं ज़रूर कोई छिनाल रही होगी
औरतें बताती हैं कि पहले मुँह में कपड़ा ठूँसा गया होगा
फिर मुँह काला किया गया होगा
जी हाँ, यही है मंदिर लेन जो क़ब्रिस्तान को जाती है
आपको कहाँ जाना है ?

नाले पारवाले बाग़ में जहाँ परसों ही एक तकिया मिला था
जी हाँ सिर्फ़ एक तकिया और तकिये में फिरौती के लिए
चुराए गए बच्चे के हाथ-पाँव सिर और धड़ भी
बच्चे का उन्होंने कुछ भी नहीं रखा अपने पास
उसी के कपड़ों से बनाया गया था वह तकिया

क़ब्रिस्तान से सटे हुए उस बाग़ पर मँडराती रहती हैं चीलें
एक चीख़ आती है दूसरी चीख़ को लाँघकर
झींगुर बोलते और उल्लू देखते हैं
जी हाँ यही है मंदिर लेन जो क़ब्रिस्तान को जाती है

2

ज्योंही वह पुलिस अधिकारी जिसकी कमीज़ पर पी. कुमार
लिखा हुआ था हनुमान मंदिर के पीछे आया
और जैसे इंतज़ार में हो एक दूसरा नौजवान निकलकर
बोला
जी क्या आप उसे ढूँढ़ रहे हैं बनवारी लाल को
कल जो एक दुर्घटना हुई है ट्रक से कुचले जाने की
कमर से निचला हिस्सा ही जिसमें साबुत बचा था
हम लोगों ने पैंट से ही पहचान लिया था कि यह बनवारी है

सोचने की उसकी बुरी आदत थी
नाले पार के अमरूद क्यों मीठे और पानी क्यों खारा है
बाग़ नहीं जंगल है वह। पेड़-पेड़ के नीचे लाशें गाड़ी हैं

जीते जी तो साहब वह झिंझोड़ता ही था
मरने के बाद भी दुःखी कर गया है
अब चीर-फाड़ की रपट बताती है कि उसका ख़ासम्-ख़ास
अंग पहले ही काट लिया गया था

ज़रूर पहले उसे मारा गया होगा
सोच-विचार के बाद ट्रक के नीचे फेंका गया होगा
जो भी हो पर अब बनवारी नहीं है

उससे मेरा एक ही झगड़ा था संसार में पैदा हुए हो
तो पाप से इतना क्यों घबराते हो
कौन कैसे मरेगा यह मौत पर छोड़ देना चाहिए
देखना चाहिए कि कौन कैसे जीता है जीना बड़ी चीज़ है

दिल तो कहता है साहब ! ज़रूर नौवा ने उसे मरवाया है
जब से ददुआ मारा गया उसी की यहाँ चलती है
ददुआ जेबकतरे से चोर, चोर से डाकू, डाकू से बाग़ी बना
अनाथ लड़कियों की शादियाँ करवाईं—

विधवाओं को मदद पहुँचाई
गाँव तक सड़क बनवाई
बेरोज़गारों को अपनी गैंग में भर्ती किया
प्याऊ खुलवाए धर्मशालाएँ बनवाईं
अपने और धर्म के प्रचार में कीर्तन करवाए
उसने वे सारे काम करवाए जो सरकार करवाती है
ज़िंदा ददुआ या तो सरकार होता या पहुँचा हुआ महात्मा

बनवारी गर ज़िंदा होता तो ददुआ होता
उसमें वह बात थी जो आदमी को ददुआ बना सकती है
अब नौवा को ही लीजिए
पुलिस में सुना उसका नाम जंबो जेट है
चाहे जब जितनों को उड़ा ले जाए

अब साहब मुझे ही देखिए जितना हट्ठा-कट्ठा हूँ
उतना ही बड़ा बोझ हूँ
बहुत कर लिया निठल्ला इंतज़ार
साहब मैं भी अलग एक पाल्टी बनाना चाहता हूँ
मेरे साथ बीस-बाईस ऐसे लड़के हैं जिन्होंने अभी
कुछ नहीं देखा
न अपनी मूँछें न दाढ़ी सिर्फ़ अन्याय देखा है

साहब एक पाल्टी बनाना चाहता हूँ
मेरा चाहे जो नाम रख दें जान लड़ा दूँगा
नौवा के कान उड़ा दूँगा और उसे पता भी नहीं चलेगा

**3**

इंस्पेक्टर पी. कुमार इस लड़के को थाने ले गए और बंद करा दिया
सात साल की सज़ा काटकर जब प्यारेलाल वापस आया
सबसे पहले उसने स्वर्गीय बनवारी की बहिन से ब्याह रचाया
प्यारेलाल ने पुराने दोस्त जुटाए और नए बनाए

एक अध्यापक की तस्वीर के आगे सिर नवाया
और फूल चढ़ाए
प्यारेलाल ने तस्वीर के बारे में बताया कि ये हैं हमारे गुरु
इनके दर्शन मुझे जेल में हुए थे
ये सिद्धांतों से लड़ाई लड़ते थे ये अब नहीं रहे
कहते थे जेल में तुम लोगों को पढ़कर बहुत कुछ सीख रहा हूँ मैं

मैंने कहा—मैं अपराधी हूँ क्योंकि मैं दुनिया में ला दिया गया
आज मैं चोर हूँ जुआरी हूँ डाकू हूँ हत्यारा हूँ
बताइए कि मैं पागल क्यों नहीं हुआ
क्यों नहीं चला गया राजनीति में
आत्महत्या क्यों नहीं की
क्या मैं मात्र विधाता की कठपुतली हूँ

दुनिया को गौर से देखो ग़ौर से सुनो ग़ौर से सोचों
उन्होने कहा तो शोर ही बता देता है कि कोई भी अकेला नहीं है
दुनिया में हो चाहे जेल में

मैंने सचमुच कोई अपराध नहीं किया मैंने कहा
मैं अभागा आया और पासे पलट गए
जबकि सारे टीके मेरे माँ-बाप ने मुझे समय से लगवाए
फिर भी निकम्मा और अपराधी बन गया मैं
मुझे आशीर्वाद दीजिए कि निर्दोष सिद्ध हो जाऊँ
और छूट जाऊँ
क्या कहूँ चिरंजीव खुश रहो बड़े बनो और अपने क्षेत्र में आगे बढ़ो
या कहूँ कि आशीर्वाद इतने सस्ते नहीं हैं
या कहूँ कि उनमें तुमसे ज़ियादा शक्ति नहीं है प्यारेलाल
उन्होंने कहा क्योंकि मेरे चिरंजीव कहने के बाद भी लोग जी नहीं पाए
खुश रहो कहने के बाद भी दुःखों से घिर रहे

इतने ईमानदार थे वे कि लोग उन्हें ढोंगी समझते थे
मुझसे पूछा—

तमाम छोटे लोगों के बीच कोई कहाँ तक बड़ा बन सकता है
हेड मास्टर, स्कूल इंस्पेक्टर, सचिव या जज
या डॉक्टर या इंजीनियर या डाकू या व्यापारी और समाजसेवक
हर कोई अपने-अपने पेशे में बड़ा होना चाहता है
मैं तुम्हें किनके बीच बड़े होने का आशीर्वाद दूँ ?

समय से टीके लगवाने के बाद भी समाज बीमार है
गुरुजी ने कहा था अपराधियों के लिए सुविधापूर्ण
जेलें मात्र उद्देश्य न हो जेल कभी न फूले-फले
जेल से बाहर का जीवन ज़्यादा सुरक्षित और
सुविधापूर्ण हो···

यह आशीर्वाद तुम्हें आदर्शवादी लगेगा प्यारेलाल
लेकिन सारी शुभकामनाएँ आदर्श नहीं हैं तो क्या हैं ?

तो दोस्तो गुरु जी तो जेल में अनशन में मरे
हमें भूखों नहीं मरना है
अब चाहे जिएँ या मरें हम अपना काम शुरू करें

और दोस्तो मरने पर याद आया अपना मरना
बस एक ही चारा था और उसी क्षण मैंने आत्महत्या कर डाली
एक मरे हुए आदमी के रूप में खुद को देखने लगा
इस तरह आत्महत्या ने मुझे आदर्श और न्याय की इच्छा से
काट दिया

मरणोपरांत जीवन में मुझे एक सार्वजनिक औरत मिली
उसने भी बताया कि यह सब वह आत्महत्या के बाद ही कर रही है
वहाँ मिले मुझे एक से एक धाकड़ अपराधी
जो सब आत्महत्या के बाद ही सफल हुए थे

हम में से हरेक को एक बार इस दौर से गुज़रना है
पहले स्वयं को तब दूसरे को मारना है
मौत ही है न्याय इसलिए जब भी मौक़ा मिले न्याय करना है

गिरोह का एक लड़का छक्कन जो अभी खाने-पीने की
चीज़ें ही चुराया करता था जो हमेशा अपनी जान
बचाए घूमता था उसने कहा
इस तरह की आत्महत्या तो आदमी से हज़ार हत्याएँ करा देगी
क्या आत्महत्या से बचा नहीं जा सकता ?
ज़रूर प्यारेलाल ने कहा बचा जा सकता है
छक्कन ने कहा मगर कैसे ?
प्यारे ने न शराब पी न किसी इष्टदेव को याद करने का अभिनय किया
और धड़ से एक ही वार में उसकी गरदन
अलग करते हुआ कहा कि ऐसे
इसके बाद प्यारेलाल ने छक्कन के खून से पहले खुद को
फिर सबको टीका लगाया और उसके बाद लाश के चरण छुए
इस तरह मरने और मारने के भेद और भय को दूर भगाया

जी हाँ यही है मंदिर लेन यहाँ सब कुछ बिकने आता है
पूजा के फूल धर्म-कर्म पाप-पुण्य
भगवान के लायक़ महँगी मिठाइयाँ
नाले पारवाले बाग़ के बनवासी गेंदे और जंगली गुलाब

और इस तरह तीस साल का प्यारेलाल
गंगू की चीख़ों से भरी गलियों में अपने आपको ले आया
अब यहाँ जो कुछ होता है प्यारेलाल के इशारे पर होता है
प्यारे भाई प्यारे भाई के कीर्तन से गूँजती रहती हैं
इस गली से जुड़ी हुई सारी गलियाँ

निरपराध के अपराध और चोर के दान से
कमज़ोर को ताक़त मिल जाने के नक़ली भान से
जाने किस तत्व का यहाँ कितना राजनैतिक उत्थान हो जाए
फ़िलहाल इस शहर के दो ध्रुव हैं
एक परमेश्वर नाई दूसरा प्यारेलाल भाई ।

—1986

## आज का दिन

पिछले दिनों को लाशों की तरह
ठिकाने लगाकर आया हुआ
हमारी दुनिया में आज का दिन
अकेला नहीं आया है

पिछले दिनों के उजाले को धोकर
एसिया के अँधेरे समुद्रों में
आज का दिन
जहाज़ों, नावों, रात में चलती रेलों
और बसों से आया है।

# उन दिनों की कथा

## उन दिनों की कथा

एक गुफा धीरे-धीरे एक कमरे में बदल जाती है
इस आशा के साथ कि एक दिन यह घर होगा
और शायद इसी से जुड़ा होगा एक छोटा-सा
दूसरा कमरा। पीछे एक छोटा- सा आँगन। आगे एक छोटी-सी जगह जिसे जाड़ों में सब्जी की क्यारी और गरमियों में फुलवारी बनाया जा सके

जब भी मैं पहुँचता हूँ बाहर बरसात हो रही होती है। अक्सर मैं वहाँ टपकता हुआ पहुँचता हूँ। सोचता हूँ पहले खाना बनाऊँ तब घर-परिवार। तब एक चैन भरा जीवन। पहले कहीं कोई काम पा जाऊँ

उस आदमी से आँखें मिलते-मिलते जिससे नमस्ते होने लगी थी
कहता रहता हूँ कहीं कोई काम दिला दें। बुरी तरह भीगा हुआ होता हूँ मैं। वह भी कहता रहता है—देखूँगा

पहुँचता हूँ अपने ठिकाने पर जहाँ बहुत सारे लोग रहते थे। जो कपड़े निचोड़ चुके थे। खाना बनाने की तैयारी कर रहे थे। बौछारें चारों ओर से आ रही थीं। ऐसा पानी पहले कभी नहीं गिरा था। कुछ कह रहे थे बीस साल पहले गिरा था। यहीं से मैं रोज़ निकलता था काम की तलाश में

ऐसे कई ठिकाने हैं यहाँ। चार-पाँच ऐसे भी हैं जिनमें तीन ओर से पानी नहीं आता। एक दिन वह आदमी आया जिससे देखा-देखी की नमस्ते थी। कहीं बात की है जल्दी ही काम मिल जाएगा। छिपाना मत कि इंटर हूँ। शायद पहले वह रँगाई के काम पर लगाए। कुछ लिखा- पढ़ी कर दिया करना। दिल- फेंक है किसी दिन मुंशी भी बना सकता है

शिकारियों से बचे हुए जानवर की तरह आता हूँ उसी अँधेरी गुफा में जिसमें एक कमरा छिपा हुआ है। धीरे-धीरे मुझे वह दिखने लगा जैसे कि बन गया हो। आने लगीं किताबें और बहुत सारी चीज़ें इतनी सारी धूल इतनी सारी मिट्‌टी। इस साल और ज़्यादा फटे पाँव। दिन में काम ढूँढ़ता रात को इतनी फैला देता अपनी आत्मा

कि गुफा को एक अलग-थलग कमरे में बदल लेता। कई बार पूरी जगह को कहीं और ले जाकर क्यारी को थोड़ा बड़ा और आँगन को दुगुना कर देता

ज़रूरत के मुताबिक वहाँ सब कुछ थोड़ा-थोड़ा बढ़ाया जा सकता था। ऐसी कोई जगह थी वह जिसमें मैं पूरी दुनिया रखता जा रहा था कोई चीज़ छूट न जाए। लड़ाइयाँ, प्यार, तकरार, समझौते। एक से एक मोल लिए हुए झंझट। कोई कसर नहीं छोड़ना चाहता था। किसी से भी छिपी नहीं है वह गुफा। मेरी तरह कई लोग उसे अलग-थलग भूखंडों पर ले जाते हैं और अपने मुताबिक उसमें थोड़ा- थोड़ा उजाला भरते रहते हैं। बनता ही रहता है रोज़ वह कमरा जिसे बाद में बनना है घर

रात के अँधेरे में नींव खोदनेवाले निकलते हैं बढ़ई, ईटगारा देनेवाले निकलते हैं मनपसंद कपड़ों में आनंद मगन आदमियों की तरह उसमें रहने खाने और सोने लगते हैं। मैं एक ऐसे घर से निकलने लगता हूँ जहाँ शाम को किसी भी हाल में निश्चित और निश्चिंत लौटा जा सकता है। जिसमें छोटी- छोटी तकलीफ़ों पर एक बड़ा सुख मेरी प्रतीक्षा में ऊँघ रहा होगा

इधर उस ठिकाने पर मेरी उस उम्र के पचास- साठ छोकरे आ गए हैं जिन्होंने अभी एक बार भी दाढ़ी नहीं बनाई। इतनी नई हैं उनकी शक्लें और उनकी आँखें वे इस गुफा को कितने बड़े कमरे में ढाल देना चाहते होंगे ?

इतने सालों से मैं लौटते हुए देख रहा हूँ अपने को उसी ठिकाने पर। कभी हाथ फटे हुए कभी कपड़े। कभी रँगे हुए। कभी केवल एक कंधा दुख रहा है। कभी सारी देह। कभी घुटने नहीं मोड़ पाता कभी गरदन। कभी चेहरा पीला पड़ जाता है कभी पेशाब

मैं जब भी वहाँ लौटता हूँ बाहर बारिश हो रही होती है। अक्सर मैं वहाँ टपकता हुआ पहुँचता हूँ। कपड़े निचोड़ने के बाद बौछार से बचने के लिए चूल्हे बीच में सरकाए जाते हैं। पहले खाना बनाऊँ तब घर-परिवार। पर पहले कहीं कोई काम तो पा जाऊँ। अब गुफा ज़्यादा रहस्यमय हो गई है। अब इससे आत्माएँ सपनों की ओर नहीं जातीं सशरीर सीधे सेंधमारी पर निकलती हैं।

—1987

## घर के डर में

जंगल में जंगल से जानवरों में जानवरपन से आदमियों में दोनों से डरा मैं

घर को जंगल में जंगल को घर में देखकर
छुआ मैंने एक-एक पाट
काठ। काठ। काठ
जीवन के हर ठाठ से जुड़ा तौला मैंने अपना डर
पाया बहुत कम हूँ निडर
जंगलीपन बढ़ा कम होते जाते जंगल में

काठ बन गया कुर्सी। बन गया खिलौना
काठ बन गया घोड़ा। बन गया काठी
काठ बन गया सवार। बन गया लाठी
बन गया घर। बन गया ईंधन
काठ बन गया कठौती। बन गया ट्रे
बन गया काग़ज़। बन गया कपड़ा
काठ बन गया पहिया। बन गया कील
काठ बन गया पुल। बन गया नाव

काठ माने जंगल। जंगल माने काठ
जुड़ा हुआ है जिससे जीवन का हर ठाठ
जंगल माने ख़तरा अकेलापन
जंगल माने साँसों का कारख़ाना जंगल माने लूट-पाट
जंगल माने पेड़, फल और बीज की दहाड़
घर में आते हैं लोग जैसे कोटर में कठफोड़वे।

—1989

## कल्पतरु की छाया

सब कुछ था सबसे बड़े नरक में सब कुछ सबसे बड़ा नरक था
लेकिन महापालिका प्रशासक कहता था कि नरक आप लोगों ने देखा तक नहीं

आज भी हम नराधम इसी में पा जाते हैं अपना स्वर्ग
यानी कि थोड़ा कम नरक में स्वर्ग से जा टकराते हैं
इसीलिए जी- जान से मर-खपकर एक कल्पित स्वर्ग के लिए
जीते हैं। अबाध इच्छा-पूर्ति का स्वर्ग-स्वप्न लेकर जिसके लिए नींद में जाने की भी ज़रूरत नहीं

उस काल्पनिक स्वर्ग के पते-ठिकाने महल-कानन शाश्वत प्रमाद के स्थल मुक़र्रर हो गए हैं
नरक में लगे हुए हैं माइक

स्वर्गीय आनंदों की कामना में एक-एक कर मरने के अलावा
कोई रास्ता नहीं छोड़ा हमने
यहाँ तक कि हमने अपने सारे ईर्ष्या-द्वेष और प्रतिद्वंद्विताएँ भी स्वर्ग पहुँचा दीं वहाँ भी होने लगे युद्ध और षड्यंत्र। दिए जाने लगे अभिशाप। वहाँ भी होने लगे पतन।
वहाँ का हर सुख एक डर बन गया
किसी बड़ी यातना का

हम जहाँ भी पहुँचे छोड़ नहीं सके अपने महान नरक को। असल में हम सब नरक के दूत हैं। जब कभी आप स्वर्ग पहुँचेगे पाएँगे बिल्कुल नरक की तर्ज़ पर बना हुआ है। महँगी आकांक्षाओं के कल्पतरु हिल रहे हैं

शरीर का धर्म नरक है और इसी के पुण्य से बना है स्वर्ग
जबकि हम चाहते हैं एक स्पष्ट विभाजन। स्वर्ग एकदम स्वर्ग हो नरक एकदम नरक। चाहते थे कि नरक में लगे फ़िल्म के किसी सेट जैसा न हो स्वर्ग लेकिन

महापालिका चाहती है भेदभाव रहित नगर-व्यवस्था
समान नरक चारों ओर

पर होने के न होने को हमने स्वर्ग मान लिया और सीढ़ी जैसा एक मुहावरा बना लिया नरक में ही कि बिना मरे स्वर्ग नहीं जाया जा सकता और जो मर गया वह गवाही नहीं दे सकता स्वर्ग की इसलिए अपने साक्ष्य में जो कुछ कहना है मरने से पहले ही कहो

हमारा सारा जीवन हमारी सारी ख़ुशियाँ हमारे सारे दुःख हमारी तरह नरक में ही पैदा हुए। जीवन नरक की सबसे बड़ी निधि बनकर रह गया। हम क्या करें एक नरक में खड़े दूसरे नरक का। हम पैदाइशी नरकवासी सीधे स्वर्गवासी ही हो सकते हैं

ज़िंदगी का हर रास्ता नरक को जाता है। नरक में हर रास्ता नरक को जाता है। नरक में भी पुण्य कमाया जा सकता है ज्ञानार्जन किया जा सकता है। दिए जा सकते हैं व्याख्यान और दृष्टांत। कुछ भी पाया जा सकता है यहाँ तक कि स्वर्ग भी

मृत्यु और जीवन, नरक और स्वर्ग ऐसे ही पास-पास सटे हुए हैं इस पृथ्वी पर जैसे रूस, अमेरिका और हम। जैसे सत्ताधारी दल और विपक्ष। जैसे पुरानी दिल्ली और नई दिल्ली

यानी कि हम नरक के दूत हैं स्वर्ग में और स्वर्ग के दूत हैं नरक में। असल में दोनों जगह अपना ही कब्ज़ा है

बस अब ख़ुश हो जाओ, देखो हम एक ऐतिहासिक शहर में हैं। इस ख़ास चौराहे से उस ख़ास चौराहे तक कितना स्वर्गीय वातावरण है हमारे नरक में कितना कम दिखाई देता है यहाँ नरक कितनी मेहनत से छिपाया है उसे। कितनी चौड़ी दिखाई देती है यहाँ कल्पतरु की छाया। और लोग सोचते हैं कि जहाँ मेहनत न करनी पड़े वहीं स्वर्ग है।

—1986

## समाज के तट पर

कुछ न करने से भी एक घटना घटी
कुछ न कहने से भी फूटा एक अँधेरा संदेश
धारा में बहता बीज जहाँ अटका
नीचे ऊपर जड़ें फूटीं अपने प्रवाह में
चल पड़ा स्वभाव का सिलसिला
जो एक उदग्र बहुमुखी वृक्ष था

एक ढाबा एक चाय की एक कलपुर्ज़ों की दुकान
दोपहर बाद घिरे रहते थे जिसकी छाया में
हिलती थीं निष्प्रयत्न निश्चेष्ट पत्तियाँ
बहने की फ़िक्र हिला देती थी उसका पूरा जीवन
यादें बहुत भारी हैं इस उत्फुल्ल चेहरे की
जीवन-भर का बल उन्हें मिला है
झेले हुए कष्ट बाद में कोमल लगते हैं
अँधेरे में गिरती लगती है आगे की अनिश्चित जीवन-धारा

हवा चलते ही याद आए छूटे हुए कुछ काम
देखा मैंने बदलते हुए उस वृक्ष को दृढ़ता थी जिसकी पेशियों में
यह कोई भुलक्कड़ नहीं कर सकता
खोजा मैंने एक किनारा। छूकर मेरी जड़ें
जहाँ से जाती थी हर धारा।

—1989

## एक दिन सुबह-सुबह

यह दुनिया मायाजाल है भजन करो बाबा भजन करो
कहते हुए माँगा उसने कुछ खाने को
भजन करो इसके अलावा कुछ नहीं था उसके पास बताने को
पर जब मैंने कहा मैं तुम्हें कुछ नहीं दूँगा कोई काम क्यों नहीं करते
इतने हट्ठे- कट्ठे हो अपने लिए बड़े मज़े से कमा सकते हो
इस पर वह हँसा—बहुत पढ़े- लिखे हो क्या ? अपने काम करने का इतना घमंड ? किसकी नौकरी करते हो ? पूछते हुए फिर हँसा एक पगलाई हँसी

किसी ख़ासम्-ख़ास ऊँचाई से मुझे कहीं काम करते हुए देख रहा हो जैसे किसी निकृष्ट नरक की थाह ले रहा हो। वाणी में देवत्व भरकर बोला—जाल में फँसे हो जन्म-जन्मांतरों के। एक से निकलोगे फँस जाओगे दूसरे जाल में जो एक ओर घृणा का दूसरी ओर प्रेम का भी हो सकता है। उसके बाद पछतावे के जाल से निकलकर फिर फँस जाओगे लगाव के जाल में। अलगाव से बचने के लिए फिर फँस जाओगे किसी लड़ाई के जाल में जिसमें कुछ भी स्पष्ट न होगा न वार न शस्त्र न शत्रु

जिसमें तुम अकेले ही घायल होते रहोगे। मालूम है किस तरह रचे जाते हैं शरीर ? किस तरह आत्माएँ फँसाई जाती हैं और एक बार में कितने कौर खा जाता है सर्वभक्षी काल ?

मैंने कहा इतना आप जानते हैं तो भीख क्यों माँगते हैं ?
फिर उसने मुझे कहा—अपने को क्या समझते हो ? दाता ? तुम जो देते हो वह तुम्हें कौन देता है ? तुम्हारा दाता कौन है ?
सोचते होओगे मैं तो खुद कमाता हूँ पर खुद तुम किसकी कमाई हो ?
कारण और कर्म को कर्ता समझते हो ?

किसी की कमाई अगर और कमाई करने लगे तो कौन है मूलभूत कमेरा ?

ऊर्जा और चेतना को एक समझते हो सोचते हो कि एक परतंत्र शरीर और स्वतंत्र आत्मा लिए पैदा हुए हो। किसने दी तुम्हें यह ग़ुलाम आज़ादी ? शरीर ने या आत्मा ने ?

सोचते हो काल को एक नई दिशा में मोड़ दूँगा
काल सोचता है कि क्या मैं इसे यों ही छोड़ दूँगा
करालकाल चुपके से अथवा चरमराकर मुड़ जाता है
आसपास ही दुबके पैर चलता है सोचकर कि शरीर में ही पकड़ा जा सकता है एक और विकसित ग्रास
जाल ज्यों-ज्यों बड़ा होता जाता है त्यों-त्यों बड़ा होता जाता है काल महाशय का थाल भी

आप तो बड़े विद्वान मालूम होते हैं—कहना चाहता था मैं। उसने न बोलने दिया तो न बोलने दिया। जानना चाहते हो कि कितना पढ़ा हूँ ? दर्शनशास्त्र से एमे किया है पटना से। मैं तो सन्न था इस घटना से और उसने भी बोलने का कोई मौक़ा नहीं दिया कहा—बस इतना कर दो
सामने से डबल रोटी और छोले दिलवा दो तुम्हारा माथा बहुत विशाल है तुम बहुत बड़े आदमी बनोगे बहुत यश बहुत धन मिलेगा। लेकिन मित्रों से सावधान रहना वही हैं जो तुम्हें जानते हैं

उससे कहो एक हरी मिर्च भी दे दे। बस इतना ध्यान रक्खो एक ही चीज़ निश्चित है और वह है मृत्यु। जिस तरह एक ही चीज़ अनिश्चित है और वह है जीवन। तो बताओ तुम निश्चित की ओर जाओगे या अनिश्चित की ओर? निश्चित मृत्यु बहुत निश्चिंत है तुम्हें अनिश्चित की ओर जाता देखकर

इस तरह मैंने एक ज्ञानी और भूखे आदमी को जो पटना विश्वविद्यालय से डिग्रीयाफ़्ता था नाश्ता कराया जिसे उसने दुर्लभ पदार्थ की तरह खाया। कौन-सा रास्ता सही है कौन-सा ग़लत कुछ नहीं बताया या मैं ही नहीं समझ पाया क्योंकि उसका भी माथा बहुत विशाल था। जाना था इक्कीसवीं सदी की ओर मैं मुड़कर कहाँ चला आया ?

—1987

## मध्यांतर

ईश्वर के कपड़े बचाने का मतलब है अपनी ख़ाल बचाना

ईश्वर के जूते नहीं रह गए हैं। मंजन ख़तम हो गया है
ईश्वर के चरण उस इलाक़े में घिसट रहे हैं
जहाँ एक भी आरोग्य पेड़ नहीं रह गया है

ईश्वर अपने गंदे दाँतों से पावर हाउस की हड़ताल पर
हँसने में कई कारणों से असमर्थ है

ईश्वर को जब एक वीराने में यह पता चला
न कोई आदि है न कोई अंत। न कोई माई है न बाप
न कोई जन्म है न मृत्यु
तब से किसी भी क़ीमत पर बिकने को तैयार है
उसे समझानेवाले माई- बाप और भाई- बंधु चाहिए
ख़ुद को ख़तरे में डालकर हर बार हम पैदा कर लेते हैं
युद्ध और ईश्वर
सुरक्षा के लिए हम उठा लेते हैं अपना- अपना वैयक्तिक भार
कोहराम और हा- हाकार ईश्वर के अमर वाक्यों में बदल जाते हैं

आवागमन भंग है। यातायात ज़ोरों पर
रातें ब्लैकाउट में भटकीं
कोई भक्त उसे दाएँ से बाएँ पहुँचा दे

ईश्वर को टाइफ़ाइड है। ईश्वर को मलेरिया है
एड्स की भी जाँच चल रही है
पहुँचे हुए लोग शोक में सीढ़ियाँ उतर रहे हैं

ईश्वर के नाम रक्तदान कर रहे हैं सिपाही
ईश्वर का ब्लडग्रुप ए बी है
बहुत से सहमत है कि मरणासन्न ईश्वर को
सारे प्रपंच से अलग रखना है
पर वह मरते दम भी दम साधे है
और बयान देने पर तुला हुआ है

वह रोगग्रस्त विवादास्पद टेलीफ़ोन पर पूछ रहा है
कि लड़ाई कब चालू होगी मुझे भर्ती होना है
और हर योद्धा को बताना है कि तुम पहले ही मरे हुए हो
मैंने तुम्हें पहले ही मरा हुआ देख लिया है।

—1985

# एक दिन की ज़िंदगी

दिन नहीं व्यक्ति उदास होता है व्यक्ति बीतता है। कितना छोटा-सा शब्द है दिन। जितना कोई दिन कभी नहीं होता। ज़रा से ज़रा भी वह अपने किसी पूरब से अपने किसी पश्चिम तक होता है

दिन बीतता है तो अकेले नहीं बीतता। पहले आदमी का रतजगा बीतता है। तब तड़का। उसके बाद सुबह और तब जाकर सूर्योदय। उसके बाद एक- एक पगहा आगे का दिन। तब एक भन्नाई हुई दोपहर बीतती है। फिर एक लंबा अपरान्ह और तब कहीं एक बेचैन लंबी-चौड़ी गहरी शाम। आहिस्ता-आहिस्ता जो जंगल के स्याह अंतस्तल में बदल जाती है

खटाई में पड़ जाती हैं बहुत-सी उम्मीदें एकदम काली खटाई में इस तरह एक पूरा दिन दाँत खट्टे कर जाता है

ख़ून की नमी और पसीने की बास से भरे हुए जंगल में दिन ऐसे ही नहीं बीतता कभी बुरी तरह कभी अचानक फुर्र से अच्छी तरह भी बीत सकता है

सारे दिन हज़ार तरह से उगता है एक ही दिन। एक ही दिन कभी किसी एक क्षण में डूब जाता है और वह क्षण हज़ारों साल नहीं डूब पाता। एक ही दिन सौ तरह का होता है और कोई बिरला भी उसे मुकम्मिल नहीं जी पाता

सुइयों की तरह बिखरकर। एक दिन के बहाने उगा हुआ। एक सदी जितना लंबा अकेला दिन
अरबों-खरबों जीवों का अपना-अपना हो जाता है

टीसता घिसटता छलाँगता सुबह से शाम तक जब पार होता है एक दिन तो उसमें लाखों- लाख लोग बीत जाते हैं यादगारों से लबालब लाखों- लाख लोग

जूझती हुई ख़ुशी बरसती हुई उदासी और अकाट्य इंतज़ार से भरे ऐसे- ऐसे कई
सौ दिन लंबी-लंबी साँकलों जैसे मुझे बाँधे हुए हैं
कहीं से भी ख़ाली, कहीं से भी अकेला नहीं हूँ मैं

किसी पहली- पहली पौ में टिमटिमाती अपनी पहली-पहली उँगलियों से थरथराते अपने पहले-पहले पैरों से। मैं आ गया हूँ अपने जर्जर पैरों और अपनी कठोर उँगलियों के पास

दुखी दिनों का साहस और सुखी दिनों की कायरता लेकर मैं आ गया हूँ जहाँ पर आज का दिन है। जहाँ पर आज का दिन था। जहाँ पर आज का दिन नहीं होगा। कल के दिन भी पिछले दिन की सदी की सारी यातनाएँ याद रखूँगा मैं।

—1981

## सपने में पाठ्य पुस्तक-1

पूरे पेड़ की हवा से घबराया हुआ पहले दर्जे का बच्चा
चुपके से एक पत्ती तोड़ लाया और पाठ्य पुस्तक में रख दी
अकेले में मन-मुताबिक हवा चलाने के लिए

पाठ्य पुस्तक पर झुका हुआ बच्चा सो जाता है
सपने में पत्तीवाली किताब की जगह मिलती है उसे एक फुटबॉल
सारे बस्ते से बनी हुई एक फुटबॉल
ग्लोब की तरह
दूर उड़ती दिखाई देती है एक पत्ती
फिर हज़ारों-लाखों पत्तियाँ
जिन्हें सिर पर उठाए आ रहा है एक अंधड़

फुटबॉल उठाकर लड़का दौड़ पड़ता है
उस एक पत्ती को बचाने के लिए जो उसने तोड़ी थी
पत्ती तोड़ने से आया था उसकी ज़िंदगी में पहला तूफ़ान

बिना किसी इंजिन के चला आ रहा है तूफ़ान
जैसे पत्ती की हाय हो

फुटबॉल के बहाने
बिना तेल बिजली और आणविक ऊर्जा के
आकाश में चली जाती है लड़के की एक किक
वह अपनी किक से प्रभावित होता है
कि कितनी दूर चली गई है पाठ्य पुस्तक

अचानक आसपास के पेड़ कुशल और प्रसन्न से दिखते हैं
जंगल की याद में चमककर बुझ जाता है एक दुख

लड़का सपने में एक पौधे की तरह खड़ा है
उसमें एक नई पत्ती किक करती है
पूरा ब्रह्मांड हिल जाता है
वह पेड़ होने से पहले ही वापस दौड़ आता है
पाठ्य पुस्तक को ढूँढ़ता
उसने पढ़ा भी नहीं था जिसका कोई पाठ

पेड़ नहीं जानते गणित न भौतिकी न रसायनशास्त्र
पेड़ जानते हैं सिर्फ़ चिड़ियों का वज़न
चील का वज़न। घोंसलों का वज़न
पेड़ जानते हैं सिर्फ़ फूलों का वज़न फलों का वज़न
पेड़ जानते हैं अपने सारे रसायन का वज़न

पेड़ नहीं जानता बस्ते का वज़न
पेड़ जान जाता है बढ़ते हुए बच्चे का वज़न
कच्चे फलों पर पड़नेवाले ढेले के वेग से।

—1986

## सपने में पाठ्य पुस्तक-2

पिता ने खोला उसका बस्ता और लालटेन के पास
बिठाते हुए कहा—बेवकूफ़ पढ़
देख कहाँ है मालदीव कहाँ है होनूलुलू
देख कि इस पृथ्वी पर हम भी हैं रूस भी है
और अमेरिका भी
लेकिन तुझे सिर्फ़ पीलीभीत और पिपरिया बताना है
एक तेरी जन्मभूमि दूसरी ननिहाल

सपने के आत्मनिर्भर और परोपकारी हाथ
भूगोल सहित उठा ले जाते हैं उसे ननिहाल
पाठ्य पुस्तक से निकलकर आता है चाँद
और उजाला माँगता है उधार
उसे अपने मामा की याद आती है
जिसे तंग किए रहते हैं साहूकार
लालटेन का पूरा उजाला लेकर चाँद जा छुपता है
पेड़ों में
फैला देता है वहाँ भुतही चाँदनी
लड़का जाता है वहाँ
जहाँ जल-बुझ रहे थे ठग जुगनू
और चाँद जा चुका था पहाड़ की चोटी पर
लड़का पहुँचा पहाड़ की चोटी पर
तो चाँद चला गया बादलों के पार
लड़का पहुँचा बादलों के पार
तो चाँद चला गया अँधेरे लोक में

चाँद का पीछा करते हुए देखा बच्चे ने
कि चाँद पर एक भी चीज़ नहीं है चाँद-जैसी

वहाँ एक असीम रात है भूरे-भूरे सपनों से भरी हुई
ढेलों में बदली हुई इच्छाएँ
एक भी पत्ती नहीं है वहाँ जिसे तोड़कर पाठ्य पुस्तक में रखा जा सके
एक फूल के पास जितना रंग जितना उजाला जितनी ख़ुशबू है
उतना भी नहीं है चाँद के पास

रात में जंगल के सिर पर दिखा था जहाँ पर चाँद
सुबह थी अधर में लटकी ओस की कई अकेली बूँदें
भीगी धरती पर खुली पाठ्य पुस्तक सोया हुआ बच्चा
और बुझी हुई लालटेन ।

—1986

## बूढ़े अपना ज़िक्र नहीं करते

जब बच्चा था लोग कहते थे माँ पर पड़ा है
थोड़ा बड़ा हुआ कहने लगे वही अक्ल वही शक्ल
एकदम दादा पर पड़ा है
मेरी नानी देखती थी मुझमें नाना और मामाओं की झलक

जब मैं युवा हुआ लोग कहने लगे
बिलकुल बाप पर गया है

ज्यों-ज्यों मैं प्रौढ़ होता गया
मुझे दिखाई देने लगे अपने हाथ
बिलकुल पिता के हाथों जैसे
झंझटों में पड़े हुए सुडौल

जब मैं बूढ़ा हुआ
एकदम अपने पिता-जैसा हो गया
एक-एक झुर्री पिता-जैसी

पिता-जैसा हो गया मैं असंतुष्ट । उपेक्षित । थका
असहमत । अंत में बूढ़ा और लाचार

मैं बस कहना ही चाहता हूँ अपने पुत्र से
कि तुम क्या युवा हो
बूढ़ा होकर देखोगे तुम मुझे अपने आप में
तब पता लगेगा क्या-क्या नहीं किया है मैंने

क्या होना चाहिए था मुझ युवा को
क्या होना चाहिए था तुम युवा को

जब मैं युवा था तब भी समझता था ख़ुद को उपेक्षित
असंतुष्ट थका और असहमत
सिर्फ़ स्नायुओं में फ़र्क़ पाता हूँ मैं

युवा ग़लती करते हैं बूढ़े सिर्फ़ सुधार चाहते हैं
बूढ़े ग़लती का साहस खो बैठते हैं युवा खो बैठते हैं धीरज
बूढ़े सबकुछ ठीक-ठाक करना चाहते हैं
अपने अस्सी-नब्बे साल का हवाला देते हुए

जब भी बरबादी का ख़तरा बताया जाता है
बूढ़े कभी अपना ज़िक्र नहीं करते सिर्फ़ तजुर्बों का ज़िक्र करते हैं।

—1987

## गए-गुज़रे

गया। बीता कोई वक़्त कभी भी काम आ सकता है
अगर वह किसी पदार्थ में बदल जाए
जैसे तारे पृथ्वी सूरज और समुद्र और लोग

सूर्य जब पैदा हुआ था
आज वह एक गुज़रा हुआ वक़्त है
लेकिन रोज़ वह हमारे साथ शामिल है

ये तारे और यह पृथ्वी भी
किसी गए-गुज़रे वक़्त की देन हैं
हज़ारों साल पुराने तारों की छाया में
हज़ारों साल पुरानी पृथ्वी पर ही
पैदा हो सकता है नया विचार

समुद्र भी कोई कल नहीं बना था
यह भी कई प्रलयों का साक्षी है

गई-गुज़री कई चीज़ें हमारी साँसों को साधे हैं
क्योंकि वे पदार्थ हैं
और जो पदार्थ हैं वे आज भी हैं
इसीलिए मूर्त करते हैं हम विचारों को भी

क्योंकि पदार्थ अकेले नहीं होते
उनमें पचास और तत्व शामिल होते हैं
यहाँ तक कि अपदार्थ भी
इसलिए गए-गुज़रे को ठीक से देखा जाना चाहिए
वह सिर्फ़ जाते हुए की पीठ नहीं है

गई-बीती सारी चीज़ें सारी बातें
गए-बीते सारे लोग
सबसे ज़्यादा मूल्यवान पदार्थ हैं

भले ही उनमें से कोई ऐसा आ जाय
जो धीरे-धीरे चौंध में बदल जाय
कोई ऐसा आ जाय
जिसके न रहने पर अँधेरा भी
दीवार-सा ठोस दिखने लग जाय

देखता हूँ इन गए-गुज़रे लोगों की ओर
निराशाएँ कम हो जाती हैं
शक्ति का एक बीहड़ जंगल लहराता है
रोज़ ख़ूँख़ार सवाल पैदा होते हैं।

—1986

## थका हुआ होने पर भी

इस डर के मारे कि यह इससे भी बुरी हो सकती थी
क्या यह न सोचा जाय कि ज़िंदगी कभी-कभी
ज़रूरत से ज़्यादा बढ़िया भी होती है
जैसे कि मैं आज थका हुआ होने पर भी ख़ुश हूँ।

—1989

# दूसरे शरीर की खोज

## दूसरे शरीर की खोज

बूढ़े बैल की थकान और कृपा गाड़ीवान की कि थोड़ी देर खोलकर उसे
एक पेड़ की छाया में बाँध दिया
पास ही दूसरे पेड़ के नीचे जिसकी रोटी पका रहा था गाड़ीवान
उसी गेहूँ का भूसा सुबह इस बैल ने खाया था
उस पेड़ से इस पेड़ को एक अजीब संकेत आया
जिसे बैल समझ नहीं पाया
पर अब इतनी भी ताक़त नहीं थी उसमें कि पगहा तोड़कर
जंगल में चला जाय
जहाँ सबकी छाया एक हो जाती है
अलबत्ता वह कहीं ऐसे निकलना चाहता था कि दिखाई भी देता रहे
और वहाँ हो भी न

जब भागना और मौत दोनों बराबर हो जाएँ तो अच्छा है कि
अपनी मुक्ति के लिए बँधे-बँधे कोई बड़ा स्वप्न देखा जाए
और तुरंत बैल ने बीज बन जाना चाहा उन छायादार पेड़ों का
जो आस-पास डोल रहे थे
जिनके पीछे झुका हुआ आसमान गले की तरह सँकरा दिखता था
पचास-साठ पेड़ जिसमें टूटे-फूटे शब्दों की तरह अड़े दिख रहे थे
जिनकी छाया अपने में कोई पदार्थ नहीं थी
पर उस समय जुगाली ही उसके पास एकमात्र द्रव थी

सोचते-सोचते सुख के हरियाले में बैल की निंदियाती आँखें
एक आरामदायक अँधेरा ले आईं
और वहीं पर वह एक बीज में तब्दील हो गया
ऐसा कि समय की अदृश्य संध में कहीं समाता चला गया
चारों दिशाओं से उस पर ढेरों पत्तियाँ आ गिरीं

चूसे हुए चबाए हुए सड़े हुए गिरे हुए झेले हुए कठोर और कोमल
भले और बुरे दिनों की असीमित गूँज जो उसकी आत्मा में जमा थी
उपज के लिए जितना गलना होता है वह जब उतना गल चुकी
तो मारे ख़ुशी के जंगल डोलने लगे जैसे वह उन सबका वंशधर हो
स्वर्गीय दुर्गम जंगलों के सैकड़ों पितर आए और पानी से उमस से
दम घुटने व सड़ने से उसकी आत्मा को बचाने लगे
पत्ते और खाद उसके लिए भारी स्वाद में बदल गए
जिनकी कृपा से वह दबता चला गया
रात उसे निष्कवच बनाती चली गई
और दबी हुई आत्मा ने सारे जोड़ उखाड़ दिए

ज़मीन के तहे-दिल से उस वृषभाकार बीज का एक सुई-जैसा अंकुर उठा
जिसमें सबसे आगे जीभ का ज़ोर, ऐंठी हुई पूँछ की कड़क और
सींगों का पैनापन था
नीचे की ओर खुरों से निकलकर धँसती हुई जड़ें थीं
ज़मीन भी पेट की तरह उठ रही थी
मुँह से मिट्टी का सख़्त दरवाज़ा खोलते हुए
अंकुर का डील उभर रहा था
भीतर के अँधेरे से एक तिल बाहर आते ही नाभि तक आती-जाती जो उसने
आवाज़ें सुनीं तो कुचल जाने टूट जाने और दब जाने के अंदेशे से हर क्षण
दो-दो रंग का दिखने लगा

आँधियाँ चलीं गरमी ने हरियाली को जड़ सहित चाटा
बरसातें मिट्टी को बहाने लगीं पर वह नस-नस से ज़मीन पकड़ता रहा
अंदर जैसे कोई गोबरैला पैर चला रहा हो
मोटी ज़ीन पर जैसे कोई दर्जी हाथ सिलाई आगे बढ़ा रहा हो

सिर उठाने के लिए बहुत गहरे जाना होता है
वह अंदर से जब बहुत गहरे चला जाता बाहर तब थोड़ा-सा और सिर उठाता
अब एक सुबह पत्तों से लदा वह ऐसा पौधा था जो शुरू तो एक शब्द से हुआ
मगर जलवायु के कारण पूरे वाक्य में बदल गया
जिसके चारों ओर बैलों-जैसे डील- डौलवाले दबंग पेड़ थे

रोमांचित धरती पर एक दिन वे सारी पत्तियाँ
जिन्हें बजाता वह उठ खड़ा हुआ था
देखते-देखते बे-जान हो गईं
और वह उस रेल-यात्री की तरह नंगा
चोर जिसका जाँघिया भी उतार ले गए हों
ग़नीमत कि उधर लड़के नहीं घुसे और उसे अच्छी छड़ी के रूप में नहीं देखा
वरना हवा पीटने के लिए उन्हें उसकी ज़रूरत थी
यह भी उसका सौभाग्य कि किसी ने उसमें दाँतुन नहीं देखी
चुपचाप वह पूरा जाड़ा अपनी इकहरी काया और मटमैली खाल में झेल गया
पत्थर दिल धरती और ख़तरों भरे बेरोक आसमान में उसका सफ़र
बाहर-भीतर बराबर तेज़ था
उसे ज़्यादा से ज़्यादा जड़ों की ज़रूरत थी चट्टानें छेदने के लिए
अपनी करुणा को वह हर घड़ी तेज़ाब में बदल रहा था

गरमी आने से पहले उसका तना मोटा दिखने लगा और अपने
छतराए हुए सिर में फँसे हुए आसमान को घर की तरह जानने लगा
वह बस्तियों से आनेवाली हवाओं का भूखा था शोर को
ख़ुराक की तरह खाने लगा
अब पक्षी भी उसे चाहने लगे क्योंकि उनके लिए एक चौकड़ी में
वह आसमान तक उठकर आया हुआ भूभाग था
और जानवरों के लिए हवा में हिलता-डुलता नए स्वाद का टापू
देखते-देखते उसके तने में पूरे बैल की ताक़त आ गई
और एक समय तो वह बीस बैलों की ताक़त से आसमान में चढ़ पड़ा

पुराने पेड़ों के बीच उसका नया सिर गुलाबी बादलों के झौंर-सा लहराने लगा
अगले साल नीचे से अपनी चौड़ाई सिकोड़ते हुए उसने
ऊपर को एक और चौकड़ी मारी तो आसमान उसे ख़ुराक भरी नाँद की तरह
दिखने लगा और वह भूखे पशुओं के लिए सबसे मीठी पत्तियों के
अनंत सिलसिले से भर गया

सींगों से भी अधिक कामयाबी के साथ वह तूफ़ान के झपेटे सहने लगा
पहले विपत्तियाँ झेलने के लिए पत्तियाँ अकेली थीं पर अब उसके पास ऐसी

मज़बूत पीठ थी जिस पर सोटे टूट जाएँ और बर्छियाँ मुड़ जाएँ
उसकी गरदन पर अब जुआ नहीं रखा जा सकता था
उसे अब नाथा नहीं जा सकता था
उसके पास तपते हुए प्राणों के लिए लंबी और गाढ़ी छाया थी
नीचे से ऊपर तक मुलायम रेशों की कड़ी
यात्रा में रूप बदलते ही उसकी भाषा बदल गई थी पर इच्छाएँ वही थीं
जो एक बैल, एक पेड़, एक आदमी में दुनिया-भर की जान डाल देती हैं

हर मौसम का उस पर अजीब असर था बरसात ने तन- मन में
कुकुरमुत्ते उगा दिए
अब वह एक ऐसा वृक्ष था जिसके पास बैल से अधिक मोटा चमड़ा था
जिसका सिर स्वयं एक छत्र था
टहनियों का हिलता-डुलता कलरव करता एक पारावार था
जो सारा का सारा उसके कंधों पर सवार था
अपने घेरे में जो पेड़ भी था और जंगल का वंशज भी
उसके पास अपने सैकड़ों दाने और हज़ारों बीज थे
आदमियों, पशुओं और पक्षियों की यादों में हरियाली का वह उदग्रद्वीप था

उस हज़ार हाथवाले योद्धा की मथी हुई हवाएँ तूफ़ान बनकर आतीं
और कुछ भुआएँ टूट जातीं
कई तो अपनी एक-एक नस पर हफ़्तों झूलती रहतीं
फिर किसी दिन टप्प से गिरतीं और ईंधन बन जातीं
कंधों से जुड़े वे भुजाओं के टुंड जिन पर हवा फिर
आत्मीय बनकर लिपट सरसराती
तब जो आँखें खुलतीं तो उनमें से जूलूस की तरह नई कोंपलें
बाहर निकल आतीं और सैकड़ों नए हाथों में बदल जातीं
परिजनों की तरह उसके इतने नए पत्ते थे अब कि अपने पूरे बीज
वह अकेले ढँक सकता था
पर उनके साथ उसने पूरे जंगल में उड़ना पसंद किया

वह उड़ता हुआ घरों तक भी पहुँच जाता जहाँ उसके पत्तों को उसके नाम से
जाना जाता और वहाँ से भी उड़कर वह अपने जोते हुए खेतों में चिपक जाता

जिनमें उसके खुरों के निशान अब भी मिटे नहीं थे
अब वह आँधियों से लड़ता और हवाओं में विनम्र झूमता था
सीटियाँ बजाकर आंदोलित होता था और बैलों जैसे टीले ढँक सकता था
वह हर साल की पत्तियों को वहाँ तक जाने देता जहाँ तक उसकी यादें जातीं
अपने भीतर जहाँ से समय का वनगमन शुरू होता है
पर सीमा से बाहर आख़िर कोई कहाँ तक जा सकता है

नींद की इस गहरी सदी में जो अपनी मुक्ति के लिए उस आज़ाद
दरख़्त का बीज बन गया था करवट बदले हुए उस बैल ने
ख़ुद को ही उस पेड़ के नीचे एक दूसरे बैल की तरह देखा
जिसकी बूढ़ी आँखें उस वक़्त आकार लेती पत्तियों-जैसी लग रही थीं

चमड़े को भुरभुरा बनानेवाली हड्डियों तक को गलानेवाली इतनी लंबी
और गहरी नींद उसने कभी नहीं ली थी
जिसमें एक नए जनम का दूसरा शरीर भी पूरा बीत जाए

तभी उसने सुना कि सामनेवाला पेड़ बूट पहनकर पैर फटकारता
बाँहें झुलाता और भी कहीं दूर से चला आ रहा है
धीरे-धीरे बैल ने आँखें खोलीं और देखा कि पेड़ का पूरा छत्र काँप रहा है
कुल्हाड़े पड़ रहे हैं पेड़ नाच रहा है

थोड़ी देर बाद फुनगी मुकुट की तरह टेढ़ी हुई और
पेड़ एक सम्राट की तरह गिर पड़ा

जो जिसका शरीर है वही उसका पहला हथियार भी है जिसे वह
सबसे आख़िर में छोड़ता है
चरचराते हुए उसके प्राण हज़ारों पखेरुओं की तरह उड़ पड़े
बूढ़ा बैल उठा और मारे डर के पोंकता हुआ ऐसा दौड़ा
जैसे कि जवान हो
भय भी शक्ति देता है

चिरौंतियों ने उसके गेले बनाए, पूरा अस्थि-पंजर गाड़ी पर लादा

भागते हुए बैल को पकड़ लाए और जोत दिया
अब घर लौटते हुए चारों ओर एक दबी हुई भारी चरमराहट थी
या यह पेड़ों के उन पितरों का रोना था जो बहुत पहले कटकर
पहिए बन चुके थे
फिर भी जो बैल के सपने में बीज को सड़ने से बचाने आए थे
जिनकी पसलियों से गाड़ी का ढाँचा और पत्तियों से इस बैल की
प्रारंभिक हड्डियाँ बनी थीं जब इसके सींग कुकुरमुत्ते-जैसे कोमल थे
जब इसकी पीठ छूते ही प्रचंड गुदगुदी के घेरे उठते थे

बैल अपना बीज नहीं बो सकता जबकि वह पूरी ज़मीन बो सकता है
पर चाहे उसके वश में हो भी तो वह नहीं चाहेगा कि उसका कोई बीज हो
जिसे वह कहीं बो जाय क्योंकि इतने बड़े स्वप्न के बाद भी ताज्जुब है
कि वह बैल का बैल ही रह जाए।

—1982

## धुरी

कहा जाता है कि पापी पशु होते हैं
तो जो पशु हैं क्या वे जन्मजात पापी हैं
अगर हैं तो जन्मजात पापियों के बिना
नहीं चल सकता है हमारा संसार

क्या पशु इसलिए पापी हैं कि वे प्यार करते हैं
दोस्ती करते हैं और पालतू बन जाते हैं
ख़ूँख़ार होते हुए भी जो एक दूसरे के लिए लड़ते हैं
और मरते हैं
एक दूसरे के बिना उदास हो जाते हैं
एक दूसरे के साथ रहना पसंद करते हैं
क्या पशु सिर्फ़ इसलिए पापी हैं ?
नहीं, पापियों के लिए गढ़ना पड़ेगा हमें कोई दूसरा शब्द

पशुओं ने नहीं किए हैं उतने पाप जितने मनुष्य ने किए हैं
स्वीकार योग्य सारे के सारे पाप
इसीलिए यह दुनिया भी मनुष्यों ने सँवारी
स्वीकार करनेवाले ही सुधार कर सकते हैं
सुधार करनेवाले ही कर सकते हैं अस्वीकार भी

इसलिए जो पशु हैं वे वास्तविक पापी नहीं हैं
अबोध हो सकते हैं वे स्मृति क्षीण
जो कर नहीं सकते अपने दुःखों का विवेचन
तो क्या विकसित को अपापी अविकसित को पापी कहा जाए ?

पशु से कहा जाए कि ख़ुराक से दोस्ती करो
यह उसके स्वभाव के विरुद्ध होगा

मनुष्य लगातार गए हैं अपने स्वभाव के विरुद्ध
वही माना गया सभ्य आचरण
यही फ़र्क़ है पशु और मनुष्य में

सभ्य होने के लिए चुनौती देनी पड़ेगी प्राकृतिक न्याय को
एक अच्छे पशु और बुरे आदमी में फ़र्क़ करना पड़ेगा

दुनिया की जड़ में आज भी कुछ सृजनशील पाप सक्रिय हैं
मनुष्य जानते हैं अपने हज़ारों पाप
पशु अपने पुण्य भी नहीं जानते

यदि वही पशु है जो पाप करेगा
तो पशुओं से ही भरी हुई है यह दुनिया
और असली पशु बेकार ही अपमानित हैं
( कृपया पापियों को पशु कहकर सम्मानित न करें )
क्योंकि पशु जो कुछ करते हैं अपने स्वभाववश करते हैं
मनुष्यों के द्वारा मनुष्यों से कहा गया था
कि वे स्वभाव बदलें
इस तरह आज भी मनुष्योचित किया जाना है
मनुष्य- समाज को

कौन-सा क़ायदा पाप नहीं कौन-सा बे-क़ायदा पाप है
लाभ पाप है या हानि या ज़िंदा रहना
अगर मनुष्य स्वभाव पर उतर आए
तो सारी सभ्यता पाप में बदल जाए
ऐसे बहुत-से अराजक और उर्वरक पापों से भरी हुई है
दुनिया

पशुओं में मनुष्य बहुत बड़ा पापी है
ख़तरा है आततायी है। शोषक है इसलिए पोषक है
कोई संतुलन तो खोजना ही पड़ेगा
अनंत पाप और सीमित पुण्य में

क्योंकि एक और पाप से पैदा होती है एक और कठिनाई
एक और कठिनाई से पैदा हो जाते हैं जीवन-मरण के प्रश्न
प्रश्नों से पैदा होती है एक और कविता
जो पैदा होती है पाप से और फूलती-फलती है पुण्य से
कविता में एक साथ उदय होते हैं
पशुओं के पुण्य और मनुष्यों के पाप

पापी के पाप की तरह एकदम चुभने लगती है
कविता
पुण्य की तरह ढाँढ़स बँधाती है राहत देती है
कविता पहले से कहीं ज़्यादा बदल देती है मनुष्य को
जैसे एक पौधा किसी दृश्य को

मनुष्य को कविता तक पहुँचना है
और उसके बाद वहाँ तक भी
जहाँ तक कविता पहुँचाना चाहती है मनुष्य को।

—1988

## उनकी वापसी

वापस आ गए हैं वे जिनकी स्त्रियों का
प्रसव में मरने का एक भी क़िस्सा नहीं है हमारे पास

होते ही जिनके बच्चे महान हो जाते हैं
जीवन-भर जिनकी मूँछें नहीं आतीं
दुख में भी दाढ़ी नहीं बढ़ती
दाढ़ीवाली उम्र से पहले ही जो विख्यात हो जाते हैं
वापस आ गए हैं वे
जबकि हमारे बच्चे तो बीस या हद से हद तीस तक
बड़े हुए बिना ही बूढ़े हो जाते हैं
और तिस पर भी ग़ैर-जानकारियों के शिकार
जो बच जाते हैं उन्हें हर पल कुछ सीखना पड़ता है
और उसके लिए फिर जीवन-भर पछताना भी

फिर से वापस आ गए हैं वे सीखे-सिखाए
जो हमारे बच्चों के लिए तो हृदय चाहते हैं
शुद्ध
अछोर श्रद्धा से ठुँसा । असीम आस्था से रुँधा
धर्म से सना
पर अपने बच्चों के लिए चाहते हैं
दिल से भी बढ़कर दिमाग़
खुला । त्रिकालदर्शी । ट्रिकी
आत्मविश्वास से दमदमाता
हमारे बच्चे तो तरकीबें लड़ाते हैं
तिकड़में भिड़ाते हैं
पूरा दिमाग़ फ़ेल कर डालते हैं और फेफड़े कमज़ोर
तिस पर भी अपने कई सौ अपयश

हम उन्हें विरासत में दे जाते हैं
और तुर्रा यह कि परंपरा से मत कटो
जुटा देते हैं उन्हें पृथ्वी के बराबर पापड़ बेलने में

वापस आ गए हैं वे जन्मजात देवता
जो नाल कटवाते ही वरदान देने लगते हैं
हमारों को तो टिटनेस हो जाती है
और एक-एक साँस के लिए लड़ना पड़ता है

वापस आ गए हैं वे ब्रह्मांड निकाय देवता
जो अपने यानों से पृथ्वी को टूटे हुए बटन की तरह देखते हैं
उस पृथ्वी को जिसके अधःपतन से ही
हमारा उत्थान शुरू हुआ था।

—1985

## बच्चों के शब्द

कहाँ चली गई हैं वे थोड़ी-बहुत जगहें
जहाँ शब्द सुने जाते थे
बिना किसी अशांत भाषा के
देखे जाते थे घास की तरह पौधों की तरह उगे हुए

मंथर चुप्पी की लंबी छलाँगों में
जहाँ संभावना बनती थी
हाथ-कान-नाक सहित सक्रिय त्वचा की
और इस बात की भी
कि नेत्रहीन कैसे देखते हैं इस दुनिया को सपने में

घर में आज उफ़्फ़ है हाय है ओह है
ग़ज़ब है। आबरू का ख़तरा है
बच्चों को कैसे बचाएँ इसका तूफ़ान है
पूरा घर हिला हुआ है
आज कुछ और शब्द आए हैं घर में

इन बच्चों को कुछ दो—पत्नी कहती है
समय दो, संस्कार दो
लेकिन दोनों ही नहीं हैं तुम्हारे पास
बहुत दिनों से हमने कुछ भी नहीं दिया है बच्चों को
बच्चे यह क्या ले आए दूसरे बच्चों से
खेल में
दो-तीन शब्द ऐसे कि सारा घर हिला हुआ है
जानलेवा हथियार जैसे नौसिखवों के हाथ आ गए हों
ऐसे शब्दों के लिए तो नहीं बनवाए गए थे
नक़्क़ाशीदार दरवाज़े

जबकि ये शब्द इतने नए और अनजाने भी नहीं हैं

फिर भी ये शब्द थे
ग़ुस्से में, प्रेम में, आवेश में
जिन्हें कभी हमने ही पैदा किया था
आज बच्चे उन्हें उठा लाए हैं
सारा घर सिर पर उठाने की सामर्थ्य लिए हुए
वे शब्द। क्रोध में बके। प्रेम में गँवाए। आवेश में खोए हुए
हमारे ही शब्द थे
जिन्हें बच्चे एक नई चीज़ की तरह उठा लाए थे।

—1990

## ओ मेरी पुरानी चिड़िया

ओ मेरी पुरानी चिड़िया तुम कभी मरती नहीं हो
जब भी देखता हूँ तुम कोई रूप ले चुकी होती हो

एक बार बचपन में तुम्हारे मरे हुए बच्चे देखे थे
उसके बाद ज़िंदगी मौत के सिलसिलों से भरी हुई है
और अब तो इस जगह के लिए सबसे पुराना नाम ही
सटीक लगता है—मृत्युलोक

जब बच्चे मरते हैं तो शांत या ज़्यादा से ज़्यादा
रूठे हुए लगते हैं
मौत से भी चिपके हुए-से
मगर मौत क्रूर लगती है
वयोवृद्ध मरते हैं तो क्रुद्ध लगते हैं
पर मौत करुण
मौत से भी ये लड़े बिना नहीं रहते

वयोवृद्ध मरते नहीं पराजित होते हैं या जीतते हैं
जबकि बच्चे खिसक जाते हैं धीरे-से
जैसे किसी दूसरी गोद में दे दिए गए हों

ओ मेरी पुरानी चिड़िया तुम कभी मरती नहीं हो
तुम मेरे दिमाग़ में रहती हो
सिर पर मगर तुम्हें घोंसला नहीं बनाने दूँगा
क्योंकि मेरे सिर पर भी बाज मँडरा रहे हैं
तुम्हें कोई अदृश्य जगह चाहिए जैसे कि मेरी पीठ

ओ मेरी पुरानी चिड़िया

तुमने लाखवीं बार जनम ले लिया है
धीरे-धीरे अँकुराएँगे रक्त में तुम्हारे पंख
दिनों-दिन तुम्हारी उड़ानें घोंसले के होंठों तक आएँगी
सपने में जैसे किसी को हँसी आती हो
और देर तक फड़फड़ाती हो

अचानक तुम किसी पेड़ को चुनोगी
फिर एक टहनी को
तुरंत बाद घने पत्तोंवाली फुनगी को
जहाँ तुम्हें किसी खिलनेवाले फूल की ख़बर मिलेगी
जहाँ तुम कुछ मुसाफ़िर चींटियों को
बीच में ही ग़ायब कर दोगी

आकाश में घुले हुए ख़ुशबुओं के रास्ते से
फिर तुम बस्ती के बीच आओगी
लंबी उड़ान का तार खींचती हुई

धरती में चाहे जितना भी चुंबक हो
तुम उड़ती हो तो रंग उड़ता है गिलट उड़ता है
तुम्हें देखते ही झनझना उठेंगे फलोंवाले पेड़
खट्टे पर खुट्टे मारोगी तो वे मीठे हो उठेंगे

इस धरती में सोने, चाँदी, पीतल, ताँबे और हीरों की खानें हैं
लोहा, कोयला, पिटरौल और अभ्रक भरे पड़े हैं
पर तुम्हें सिर्फ हरियाली से मतलब है
जो घास से लेकर जंगल के चेहरे में उगी हुई है
जिसे हज़ारों बारिशें धो नहीं पाईं
करोड़ों जिसे धो नहीं पाएँगी

समुद्र के नीचे धरती
धरती के नीचे पहाड़
धरती पर पहाड़ और पहाड़ पर धरती

धरती पर जंगल और पानी और हवा और ज़मीन
एक दूसरे में घुसकर सब एकमेक
सब अनेक
सब घुलनशील सब उड़नशील

ओ मेरी पुरानी चिड़िया
आकाश एक भँवर है जो तुम्हें लील सकता है
भटका सकता है
पर अपने ही अंतरिक्ष में बूँद-भर पानी और एक तिनका
नहीं दे सकता

जब तुम लंबी उड़ानों से लौटोगी
तो पाओगी कि जंगल के अंदर घुसे हुए खेतों में
फ़सलें पक रही हैं
तुम्हारे बच्चों के लिए भी धरती ने
बहुत कुछ उगा दिया है
कई लंबे और बे-टूट तिनके तुम्हें खुशी से भर देंगे
कोई कीड़ा तुम्हें नीचे बुला लेगा
तुम ले आओगी अपने साथ कुछ और चिड़ियों को

तुम पर झाड़ोगी
नए पंख उगाओगी
घोंसले बनाओगी चोंच लड़ाओगी
तुम अपने बच्चों के लिए चोंचले उठाओगी
लहू-लुहान हो जाओगी
और आँधियों के बाद तुम फिर देखी जाओगी।

—1983

## संतुलन

मैंने फ़रिश्ते नहीं देखे थे पर वे दिखे मुझे पतझर की हवाओं में
अध-अटके पत्तों को मुक्ति देते
आनेवाली कोंपलों के मुँह पर से बोझ हटाते

फ़रिश्ते नहीं देखे थे मैंने पर वे दिखे मुझे बसंत से पहले
अधमरे फलों और फूलों को झाड़ते ताकि जीवित को अधिक सामर्थ्य मिले
जल्दी बड़ा होने और पककर काम आने की

पुरानों की क़तार के पीछे दिख नहीं रहे थे जो नवागंतुक
वे दिखाई दिए मुझे धूल-धक्कड़ भरी हवाओं में

पतझर में फ़रिश्तें संतुलन बनाते हैं धूल को आसमान में ले जाकर
टँगे हुओं को गिराकर। गिरे हुओं को उठाकर
दूर ले जाकर मिट्टी उढ़ा देते हैं

जो पक चुके थे और जिनके पास अपने बीज थे
उन्हें बिखरा देते थे फ़रिश्ते। झोंके सबके कवच खोल देते थे
जीर्ण-शीर्ण अहंकार को मिट्टी में मिलाकर मर्म स्फुटन में बदल देते थे
ताकि एक नम्रता का फिर से जन्म हो सके

मैंने देखा फ़रिश्तों को पतझर में
अनेक ऋतु कष्टों को झेलने की गुप्त शक्ति देते हुए

फिर जब कुछ नष्ट होगा। फिर जब कुछ पैदा होगा
फिर दिखेंगे फ़रिश्ते। फिर दिखेगा कोई संतुलन।

—1986

## पेड़ का आत्मसाक्षात्कार

उत्थित दंड की तरह जो हर वक़्त तना हुआ रहता हो
मैं ही हूँ वह उद्दंड।
छिपा नहीं पाता हूँ अपना अहंकार अपनी आत्मस्थ लाठियाँ
रह-रहकर फूल उठता हूँ खिल उठता हूँ आत्मप्रशस्ति में

पृथ्वी का गोबर तत्व बनाता है मेरा अस्तित्व
मैं ही हूँ वह महायान जिससे उड़कर पंछी जिस पर ही
आ जाते हैं

जाने लोगों को अपने कौन-से डर में कौन-सी सुविधा है
जो बनाए हुए हैं मुझे विनम्र
मैं कुटिल जटिल गाँठिल जन्मजात दंडधारी
फूल-पत्ती-फलवाला परोपकारी नहीं हूँ मैं
अपने भार से भी भारी ये सद्गुण मुझे और भी
अहंकारी बना देते हैं

आपकी करुणा आपकी उदारता जितना निरर्थक घमंड दे सकती थी
उससे मैं रह-रहकर फूल उठता हूँ
अस्तित्व से ही बनते हैं सारे संतुलन
आप नहीं जानते झुकने से मुझे नफ़रत है फिर भी झुकता हूँ
जबकि और उठना चाहता हूँ मैं और और और
यहाँ तक कि उन्नति के लिए मुझे हर साल नंगा होना पड़ता है

परात्म पृथ्वी का गोबर तत्व भर देता है मुझे
पत्र-पुष्प और फलाफल से
पर जाने कौन-सा डर है कि लोग उसे भी मेरा त्याग कहते हैं

मैं अपने बीज के लिए एक फल बनाता हूँ
अपनी जड़ों से अपने तने से लेकर अपने तन-बदन के लिए
एक बीज बनाता हूँ
चौगुना-सौगुना बनने के चक्कर में एक विराट रूप
रचने की सोचता हूँ
इसी कारोबार में कभी मुँह दिखाकर कभी मुँह छिपाकर
फलता-फूलता असंतुलित और खोखला हो जाता हूँ

मेरी निर्ध्येय छाया में किसी के लिए एक मीठी नींद हो सकती है
पर मैं किसी के निजी मामलों में दख़ल नहीं देना चाहता
अकेला खड़ा रहता हूँ सामूहिक जीवन के बीच
निस्तब्ध घड़ी में भी मेरे लिए कोई नींद नहीं

सभार मुझे उन्नत बनाए रहता है मेरा अदृश्य कूबड़

परंपरा परिपाटी बड़े-बड़े सिंहासन हौदे और काठी
बड़े-बड़े शयनयान
तोरण द्वार से जितनी भी दहलीज़ें हैं निकास द्वार तक
जितनी खिड़कियाँ हैं
कहीं भी चैन कहीं भी नींद नहीं है मुझे

कई बार मैं अपना पूरा का पूरा मुँह मिटा देता हूँ
कई बार फिर उसे बनाकर आधा छिपा देता हूँ
मेरा कंकाल भी नहीं है मेरा वास्तविक आकार

फल कोई भी खाए बीज दूर-दूर तक पहुँच जाएँ
मेरा रुदन मेरा पतन हो जाए एक प्रचंड अरण्य

दर्प से फूला गर्व से खिला सौरभ से तिलमिला उठता हूँ मैं
अँधेरे में भी सक्रिय रहता है मेरा अहंकार
उजाले में तटस्थ हिलता हूँ

फूल-फल-पत्तियाँ ये मेरा आच्छादन हैं
अपने उत्पादन से अपने छिद्र ढँकता हूँ मैं

दूसरों को मुझसे क्या मिलता है यह उनकी अपनी गुणज्ञता है
कुल्हाड़ियों को बेंट और सभ्यता को लाठियों की भेंट से मेरा कोई वास्ता नहीं

सूर्य के प्रताप और हवा के जन्म से पेट भरता हूँ
मैं महादानी
पुनर्रचना के घमंड से इस साल भी लाल हो जाएगा
मेरा हज़ारों साल पुराना जंगली मुख
एकांत में आपके विशेषणों से शरमाया हुआ
सार्वजनिक रूप में तथाकथित विनम्रता का भरमाया हुआ
धरती में जो अनंत गोबर है उससे मदमाया हुआ

आज भी दुनिया का सबसे पहला उद्‌दंड हूँ मैं
स्वयं देहधरे का दंड हूँ मैं
टूटता है मेरा एक अंग कम होता है मेरा एक दंड
आप अगर गिराएँगे तो मुझे दंडवत् पायेंगे।

—1987

## ‘जा की कृपा’

कोई नेत्रहीन है तो वह सपने में भी
रोशनी और रंग नहीं देख पाता
बहरा है तो सपने में भी आवाज़ नहीं सुन पाता
ईश्वर बाहर से ही मुकम्मिल होकर भीतर आता है ।

—1988

## अगर रात न होती

अगर रात न होती मैं अभी घर न आया होता मेरे बच्चो !
फिर जुट गया होता फँस गया होता किसी काम में
जो कई आज तक पूरे कई आज तक शुरू हो जाने चाहिए थे

रात बहुत ज़रूरी है। क्योंकि हर अँधेरा रात नहीं होता
रात न घर है न घोंसला। फिर भी रात बहुत ज़रूरी है
बच्चों के लिए। आँख की पुतलियों के लिए। पौधों के लिए
पत्तों और फूलों और फलों के लिए। और उन सपनों के लिए भी
जो तुम्हें आज रात आने हैं
रात बहुत ज़रूरी है ताकि तुम अगले दिन थोड़ा बड़के
दिखाई दे सको

शाम होते ही पूरी गुफा में चली जाती है आधी दुनिया
कितनी ठंढी और शांत है यह तमोगुणी रात
अगर रात न होती मैं अभी घर न आया होता मेरे बच्चो !

रात न घर है न घोंसला रात ख़ुद एक विराट गुफा है
जिसके अंदर एक साथ कई उद्विग्न महाद्वीप सोते हैं
रात जिसकी छत पर तारे जड़े हैं, चाँद खुदा है
जिसके दिल की गहराई में जाकर सड़कें लापता हो जाती हैं
सड़कें जिन्हें आँखें नहीं सिर्फ़ पैर देख पाते हैं

अगर रात न होती मैं अभी घर न आया होता मेरे बच्चो !
फ़िल्म का आख़िरी शो छूटे हुए एक घंटा हो गया
मगर कुछ लोग अब भी घर नहीं पहुँचे हैं। कुछ लोग
रात- भर घर नहीं पहुँच पाएँगे। कुछ लोग चलते रहते हैं
और घर में नहीं रात में ठहरते हैं

उनमें से कुछ ही लोग रात की रोटी और भात खा पाते हैं
कुछ लोग हैं जो दिन दोपहर भी अँधेरे से निकलकर
कोई घर पाना चाहते हैं। और उसमें बेआहट तारों की तरह
आना चाहते हैं। अगर रात न होती मैं अब भी
घर न आया होता मेरे बच्चो !

घनी-तनी रात विपत्ति में भी भर जाएगी अपना रस
फूटेगा दिन। ऊनी कपड़ों की तरह फैलेगी धूप
यद्यपि रात शरण देती है घर नहीं
फिर भी रात बहुत ज़रूरी है नई तारीख़ के लिए

बस यों समझ लो बीते हुए समय और आते हुए
समय के बीच एक काले पुल की तरह है रात
जबकि कुछ लोगों के लिए ऐसा कुछ न होकर
केवल ओवरटाइम है रात। कुछ के लिए चिड़ियाँ
घोंसले में आ जाती हैं। कुछ के लिए आधी धरती का
ताप उतर जाता है

फिर भी मैं इस रात का कृतज्ञ हूँ अब कल की
सुबह जैसी भी होगी तुम लोगों के साथ होगी
कल का दिन मुझे तुम लोगों के साथ देखना है

अगर रात न होती मेरे बच्चो तो सारी दुनिया
एक ही दिन की मेहमान होती। अगर रात न होती
तो मैं अब भी घर न आया होता मेरे बच्चो !

—1984

## न्याय

न्याय के रास्ते पर कुछ सुंदर पेड़ हैं
अन्याय के रास्ते पर बीहड़ जंगल
दोनों से होकर जाना है मुझे न्याय पाने के लिए

समस्या सुंदर लगने की नहीं है
जबकि पेड़ हमेशा सुंदर लगते हैं
रोपे जा रहे हों चाहे काटे जा रहे हों
गिर चुके हों चाहे खड़े-खड़े सूख गए हों
चाहे खिड़की दरवाज़ों और घरों में बदल गए हों
चाहे अकेले हों दुकेले चाहे जंगल के जंगल
न्याय और अन्याय में डटकर कटकर शरीक होते हैं

समस्या इसकी नहीं कि पेड़ क्यों हँसते और जंगल क्यों रोते हैं
समस्या न्यायपूर्वक सुदृढ़ सुंदर होने और जीने की है,
क्योंकि न्याय ही सुंदर हो सकता है
वस्तुहीन से वस्तुहीन व्यक्ति की नज़र में

कौन करेगा न्याय ?
जो न्याय बाँटता है या जिसे न्याय की ज़रूरत है ?
या जो न्याय कर सकता है या जो न्याय का शिकार है ?
कौन करेगा न्याय ?
वही जो अन्याय करते आ रहे हैं लगातार ?
उन्हें ही लाना पड़ेगा न्याय के रास्ते पर ?

—1985

## आँधी में औरत

जो बहुत कुछ है इस पृथ्वी पर उसमें से यह लड़की भी है
जो बड़े-बड़े तूफ़ान झेलेगी जो उठेंगे ही उठेंगे

वर्तमान को घेरे हुए भविष्य के अँधेरे से जो बहुत कुछ इस
पृथ्वी पर है उसमें से यह लड़की भी एक है

आज तो यह पेड़ की हवा से घबराई है
बस एक पत्ती तोड़ लाई है छिपकर मन- मुताबिक़ हवा चलाने के लिए

एक दिन इसके चारों ओर तूफ़ान होंगे
घिरी वह होगी
डावाँडोल पृथ्वी पर रात से दिन में दिन से रात में उतरती
ब्रह्मांड में फँसी हवा से अपने फेफड़े अपने गाल फुलाकर
हाँफ़ती

वह तूफ़ानों का किसी क्षण धीमा किसी क्षण थमना भी जानेगी
पर उसकी निगाह होगी अपने से दस साल दूर घुमड़ते
किसी नए तूफ़ान पर जिसमें उसकी बेटी घिरी हुई होगी

ऐसे में जहाँ नहीं गिरनी चाहिए वहाँ टप्पे खाती गेंद की तरह
उसकी लड़की आ रही होगी
बहुत पीछे छूटा हुआ प्रसंग से टूटा हुआ कोई नया शब्द सीखकर
कच्चे फल के साथ लचकी एक नन्ही डाल-सी

एक दिन वह एक स्त्री होगी तूफ़ान के बाद किसी आहत वृक्ष के
विलाप की तरह
धूल, संशय, उम्मीदें और इतने सारे वर्षों के उतने सारे पत्ते

बावेला मचाते। सब कुछ उड़ता-सा दिख रहा होगा
बहुत-से डर घेर लेंगे वे भी जो लगते थे चले गए होंगे कहीं दूर
अनिश्चित जीवन की सुनिश्चित ऊब-डूब में

बहुत सारी धूल-धक्कड़ से बनी है इन यादों की चमड़ी
उधेड़ने से फिर वैसा ही अँधेरा वैसा ही दर्द फैलेगा चारों ओर
कोई दिन किसी उज्ज्वल क्षण-सा चमक उठेगा
दाग़-भर दिखती पुरानी चट्टानें चमक उठेंगी
समय की बड़ी से बड़ी खंदक भी
सुंदर-सा हल्का-सा परिपूरित गढ्ढा दिखेगी
ताल-तलैयों जैसे चमकेंगे घाव
हवाओं में धुआँ भी हौसले की तरह उठता दिखेगा
लंबे सफ़र वेगवान नदियों में बदले दिखेंगे
मज़बूत तनों में बदल चुके होंगे सारे रोमांस

दस बरस दूर से बेटी को आता हुआ देखकर सोचेगी
जीवन एक जाना-माना जंगल है
चिड़ियों के साथ चीतों, हिरनों, भालुओं
भेड़ियों और लोमड़ियों को आराम देता हुआ

फिर एक उथल-पुथल होगी निकल आएगा जीवित उत्साह
जो उसके घर से पूरी दुनिया में निकल पड़ेगा
जहाँ गेंद-सी उछलती एक और लड़की प्रवेश करेगी
जो बिल्कुल नहीं जानती होगी कि इससे पहले भी स्त्रियाँ हुई हैं।

—1984

## वाद्य ले जाती हुई लड़कियाँ

धप्प से पूड़ पर हाथ मारकर
हारमोनियम ले जाती लड़कियाँ
छेड़ती हैं ढोलक ले जाती लड़की को
तनी हुई ढोलक बजी झम्म से

आस-पास के खड़े हो गए कान
स्कूल में आज होगा शायद गान

ढोलकवाली कुछ शरमा-सी रही है
हारमोनियम पकड़े हुए दोनों
खिल-खिलाती बतियाती जा रही हैं
ऐसे स्वर कभी-कभी लगते हैं
कभी- कभी सधते हैं ऐसे स्वर

लड़कियाँ, ढोलक, हारमोनियम
तोड़ते हैं सन्नाटा
कसे हुए बाहर आते हैं मुक्त स्वर

सभी वाद्यों में सोई हुई हैं प्रियतर आवाज़ें
अगर कोई उन्हें जगाना जानता हो
ज़रूरी नहीं कि वह गाना जानता हो
ज़रूरी नहीं
कि आग सिर्फ़ वह जलाए जो पकाना जानता हो ।

—1984

## कष्टसाध्य

वे स्त्रियाँ सुंदर होती हैं जो निकम्मी नहीं होतीं
सुंदर होते हैं जो वे पुरुष निठल्ले नहीं होते
और नौकरी के अलावा भी कुछ काम- काज करते हैं

जो स्त्रियाँ सुंदर होती हैं वे हमेशा किसी धुन में रहती हैं
जैसे नशे में हों
जो ऐसी नहीं लगतीं वे सरल स्त्रियाँ होती हैं
सरल स्त्रियों के बहुत कठिन दुख हैं
उनके सीधेपन में दिखते रहते हैं उनके नकचढ़े दुख

भोलेपन में मारे जाने से
सारी कुंठाएँ छिपी रहती हैं उनकी कठोर मेहनत में
ऐसी सरल स्त्रियाँ सौंदर्य को भी कठिनाई में डाल देती हैं

सौंदर्य उनके मन में पुरुषों के फूहड़पन-सा चुभा हुआ रहता है
जिसका कष्ट दिखाई नहीं देता किसी को
सुंदर होने और सुंदर दिखने में फ़र्क़ बस इसी कष्ट का है

दुनिया में बार-बार फूटता है कष्टसाध्य सौंदर्य
लुभाता है एक स्त्री की तरह
सौंदर्य माँगता है बड़ी से बड़ी मेहनत
मेहनत करते हुए सुंदर तो वह दिखती ही है
पर जब आराम कर रही होती है तो कहीं ज़्यादा सुंदर दिखती है।

—1986

## पहला संबंध

मेरा अगर व्यक्ति से संबंध है तो कहते हैं
कि वह भी धर्म से संबंध है
और धर्म से संबंध को वे बताते हैं
कि वह व्यक्ति से नहीं समुदाय से संबंध है

अगर व्यक्तिगत संबंध मुझे धर्म तक पहुँचाता है
और धर्म समुदाय तक
तो भी मुझे व्यक्ति से ही पहला संबंध रखना है
क्योंकि यह संबंध मुझे समुदाय से पहले
ख़ुद एक व्यक्ति होने की हैसियत देता है
जिसकी ज़रूरत सब समुदायों और
सब धर्मों को है
अगर मैं व्यक्ति हूँ तो मैं एक समुदाय हो सकता हूँ
और मनुष्य धर्म भी

ख़ासकर ऐसे मौक़े पर जब व्यक्ति और धर्म के स्वभाव में
सामुदायिक गुंडापन आ गया हो
तो अकेला भी निषेध कर सकूँ
इतना साहस बचा रह जाए
कि व्यक्ति से संबंध धर्म और समुदाय से भी बड़ा बन जाए
जो समुदायों और धर्मों से मुझे अलग न कर पाए ।

## धर्मार्थ

धर्म माने स्वभाव तो इसे बिगड़ने नहीं देना चाहिए
धर्म माने आचरण तो इसे सुधारते रहना चाहिए
धर्म माने अच्छाई तो इसे बुराई से बचाना चाहिए
धर्म माने निजी विश्वास तो इसे अपने में ही रखना चाहिए ।

## स्त्री प्रत्यय

अकेली औरत पार करना चाहती है सूनी सड़क
आगे बढ़ चुके पति को पीछे बुलाती है
जो कि लौट आता है ग़ुस्से और कोफ़्त में

अकेली औरत शादी के तीस वर्ष बाद भी
पूछती है सड़क पार कर लूँ

वह मर्द को अगुआ करती है
डग भरती है
जैसे एक ज़माना पार कर रही हो
वह दिखती है एक खोए हुए साहस की तरह।

# अंतरराष्ट्रीय बाज़ार

## अंतरराष्ट्रीय बाज़ार

एक पड़ोसी जो सूर्योदय के पास रहता है
और दूसरा जो सूर्यास्त के पास
मैं दोनों को याद करता हूँ तहे-दिल से अपनी रात में
शायद वे भी मुझे याद करते होंगे

जिस समय मेरा घर दोपहर के पास होता है
उस समय मैं कहीं रेत में चल रहा होता हूँ
दूर अँधेरे समुद्र-तट से एक पड़ोसन उड़ती है
और देखती है मुझे एक भागते हुए नगर में
जहाँ चौराहा पार करते-करते मैं बाल-बाल बचा
उसकी चीख़ बुझाने के लिए दमकलें दौड़ पड़ती हैं
किसी दूरवर्ती देश से जो घटनास्थल के पास ही कहीं पानी भरेंगी

मेरे सपनों के गोलार्द्ध पर रात है
अमेरिका के बच्चे चड्ढियों में पिस्तौलें लटकाए घूम रहे हैं
पर मैं चीख़ नहीं सका
सकता तो क्या शांतिसेना का बिगुल बज जाता ?
(वह तो मेरे पास ही मरम्मत के लिए पड़ा हुआ है)

जहाँ दिन और रात बराबर हो जाते हैं
वहाँ एक पड़ोसी ने मुझे हाईजैकर कहकर गाली दी
(मैं ख़ुश हुआ उसने चोर-उचक्का नहीं कहा)
दूसरे ही क्षण मैं बैलों को गाड़ी पर जोत रहा था
और सोच रहा था श्यामकर्ण घोड़ों की नस्ल ख़त्म क्यों हो गई
ठंढे और गर्म समुद्र के बीच रहनेवाला मेरा पड़ोसी
मुझे हँसता हुआ देखकर भूमध्यरेखा के पीछे छिप गया
सूर्योदय के पास रहनेवाले पड़ोसी ने उठते ही देखा

कि उसके नाम के पाँच सौ आदमी अख़बार में भुने पड़े हैं
समुद्र- तटवाली पड़ोसन भूचाल में दब गई है
कहीं भी मैं उसे दिखाई नहीं दिया जबकि सूर्यास्त के पड़ोसी ने
उसी समय मुझे अपने किचन से निकलते हुए देखा
कि मैं पूरी तरह चाय के प्याले में घुल गया हूँ
मारे स्वाद के वह अपना राष्ट्रगान भूल गया
और भूल गया कि आज उसका मुख्य कार्यक्रम क्या था

लेकिन मैं जहाँ हूँ वहाँ एक ऐसा दिन आ गया है
प्याज़ रेल से टकरा गया है महाराष्ट्र में
गन्ना सोटे की तरह उठ खड़ा हुआ है
मुझ तक कोई चीज़ सीधे नहीं पहुँच रही है
पचीस के पीछे पचास और बाधाएँ
मैंने कहा कि दोपहर और जितने में मेरे कानों ने उसे सुना
बस उतने में ज़ुबान और कानों के बीच एक लंबा अँधेरा तन गया

राबर्ट्सगंजवाले चाय के टप्पर पर एक तीन फ़ेल लड़का
जो अब पच्चीस बरस का है। अख़बार में पढ़ता है
पिटरौल का अकाल
पड़ोस में बैठे से कहता है—देखा, बाँदा में फैले हुए सूखे का असर
अरबों के तेल- कुओं तक पहुँच गया है
सामने से निकलती है एक बैलगाड़ी जिसमें सींगों-जैसी
कीलें ठुकी हैं
मुझे याद आए कुएँ जिनके पेंदों पर घड़े फूट जाते हैं

मेरे अरब पड़ोसी ने देखा कि मैं एक अमर हरियाली में बदल गया हूँ
पेट्रोल के कुएँ पर फैलता हुआ एक मनीप्लांट
तभी उसकी बीबी ने मुझे उठा लिया और मैं एक हरे हंटर में बदल गया
जैसे गिरगिट की दुम। मैं थोड़ी देर हिला
और एक घरेलू झाड़ू में बदल गया
घर में चलने लगी एक अरब बीबी की झाड़ू
लेकिन झुकते ही बीबी पेट्रोल के कुएँ में जा गिरी

तब मैंने पहचाना कि वह तो पंचकुइयाँ रोडवाली सुनीता है
जो पेट्रोल से नहीं मिट्टी के तेल से जलाई गई थी

पड़ोसी दुखी भी है और पड़ोसी के न रहने पर ख़ुश भी
सोचता है बीबी भूत बनकर कई गैलन पेट्रोल लेंकर मेरे पास आएगी
इसलिए नहीं कि गाड़ी चलाएगी या स्कूटर
बल्कि वह मुझे जलाना चाहेगी
पर वह यह भूल जाती है कि स्त्री का भूत भी पुरुष से नहीं जीत सकता
पड़ोसी सोचता है कि पेट्रोल का पीपा उससे छीन लूँगा
और दूसरी स्त्री के साथ कहीं भाग जाऊँगा

तब मैं मनीप्लांट के हंटर से प्रेज़िडेंट को बताऊँगा
हर पिटनेवाली चमड़ी रात की तरह काली होती है
पिस्तौलवाले बच्चों से कहूँगा कि चड्ढी खोलो
और ठीक से पेशाब करो

पेशाब के समुद्र पार सबर्ब से निकलकर मेरा एक और पड़ोसी
देखता है अफ़्रीका की कालीपूँजी यार्कशायर में गोरी हो गई है
वह अपनी पड़ोसन से झगड़ पड़ता है
वह उसे कहती है हाईजैकर, आतंकवादी और आख़िर में उल्लू का पट्ठा

22 हज़ार साँसें 60 किलोग्राम हवा ले चुकने के बाद
पहुँचते हैं अपनी-अपनी रात और दूसरों के दिन में
जब कुछ नहीं दिखता तो एक दूसरे को याद करते हैं हम

एक गुमे हुए स्वाद की तलाश में टेलीफ़ोन घन-घनाते हैं
चारों ओर पूछा जा रहा है एक ही सवाल बिजली क्यों चली गई
दिन-भर की मार दिखती है रात की काली पीठ पर
लोग बाहर निकलते हैं और पड़ोसियों से पूछते हैं क्या आज पूर्णमासी है
मैं बर्फ़ के पास रहनेवाली पड़ोसन को याद करता हूँ
जो अचानक सपने के आख़िरी छोर पर झाड़ू लगाते हुए ग्लेशियर के नीचे दब
जाती है

दिखता है सफ़ेद प्राकृतिक उजाला मौत के गालों पर
निरक्षर आकाश से आता है नए दिन का प्रसारण
—जो है वह यही है
प्रसारित दृश्य में मेरा नया पड़ोसी कह रहा है
—पर यह तो काफ़ी नहीं है।

—1987

## बदले में

सिक्के के बदले साहस
सिक्के के बदले चुप
सिक्के के बदले व्याख्या
सिक्के के बदले न्याय

सिक्के के बदले विचार

सिक्के के बदले हुए विचार देखकर
साबुन से बना हुआ एक बहुत बड़ा न्यायालय
तर्क के पनाले के नीचे आता है
सदियों का मैल ढँक जाता है झाग से

एक बच्चा जो जन्म लेकर लौटा लाया था
आदमी की आत्मा
जीवन के आख़िरी दिनों में जान पाता है
कि यथासंभव न्याय आया यथाशक्ति अन्याय से
टकराकर

बढ़ना ही अगर उत्थान है तो क्या बढ़ा ?
क्या पतन का ही उत्थान हुआ इस बीच
दुख ही बढ़-चढ़कर गाया गया ?

—1987

## ट्रैफ़िक जाम

तब सिर्फ़ रेडियो था टी. वी. न था जब मैंने उसे पहले-पहल देखा था
न परी थी वह न वैसी जैसी उससे पिछले साल थी
जब उसने अपने नाम का अर्थ जाना तो निराश बहुत हुई
अर्थ-जैसा बेशक़ीमती नहीं पाया उसने ख़ुद को
खदानों में पाया जाता था उसके नाम का पदार्थ
और वैसे ही घर में जाना उसने अपने नाम का अर्थ
दस वर्षों से जिसमें पुताई नहीं हुई थी

चेहरा उसका धधकती अँगीठी था जिसे उन दिनों
दूर से भी तापा जा सकता था
अब सँवलायी राख के नीचे दुबकी हुई वह आँच
कान की लवों पर दिख जाती है अक्सर नहाने के बाद
और फागुन की फुनगियों की याद पर चला जाता है ध्यान
जो अब हम दोनों का पूरा नौकरी पर है

आधा पैदल आधा रिक्शे से जाते हैं हम
चढ़ाई पर यह कहते हुए उतर जाता हूँ कि तुम बैठी रहो
कठिनाई में एक आदमी एक को ही खींचे काफ़ी है
कभी-कभी तो घर से बहुत जल्दी चल देते हैं हम
पर हर जगह बहुत देर से पहुँचते हैं हम
ट्रकों की वजह से बहुत देर फँसी रहती हैं बैलगाड़ियाँ
फँसे रहते हैं रिक्शे फँसी रहती हैं साइकिलें कारें और बसें

फँसे रहते हैं लोग
जबकि इनसेट एक-बी का आज ही खुला है सौर-पाल
मेरा ध्यान अचानक जाता है मौत की ओर
अपने से चिपकी हुई मौत की ओर

जबकि हम जा रहे हैं हज़रतगंज की ओर
छुट्टीवाले दिन अपनी बच्ची को लेकर यहीं पर फँसे रहते हैं हम
कुकरैल बंध्धे पर महसूस होता है कि हमारे पंख क्यों न हुए
दुनिया कहाँ-कहाँ पहुँच चुकी है पहुँच चुकी होगी
मगर हम फँसे हुए हैं कुकरैल बंध्धे के पास
सोचते हैं चलें मोहन थपलियाल के घर
पर वे भी तो कहीं ऐसे ही फंसे होंगे
तभी सोचते हैं चलें कुंवरनारायण जी के घर
पर वे भी तो कहीं गए हो सकते हैं
अगर गए होंगे फ़िल्मोत्सव में तो देखते होंगे किसी फ़िल्म में
मिलता-जुलता कोई दृश्य

आधे रास्ते से वापस आकर प्यार के अधिकार पर करता हूँ क्रोध
कि तुम्हारी वजह से ही कहीं नहीं पहुँच पाता हूँ मैं
पाँच मिनट भी पहले चले होते तो चौराहे के पार होते हम
जबकि आधा घंटा हो गई है ट्रैफ़िक जाम की आयु

बड़ी देर वहीं पर स्थगित अपने से परे चला जाता हूँ मैं
प्राण लिए हुए पाता हूँ कि शरीर भी मेरे साथ है
थोड़ी-सी अनुपस्थिति थोड़ी-सी यायावरी थोड़ी-सी निर्ममता
ढेर-सी कोफ्त और थोड़ी-सी हुज़्ज़तें लौटा देती हैं मुझे
उस चाव में जिस चाव से सारी चीज़ों को चाहने योग्य
बना रहता हूँ मैं

उसी चाव से उसी जगह उसी फँसन में लौटकर
अपनी बच्ची को परी के एक रथ की कहानी सुनाता हूँ
जिस पर तितलियाँ जुती हुई होती हैं
जिसके चलने से दिशाएँ रँग जाती हैं
सीढ़ियाँ लग जाती हैं आसमान में
तारों की खान से निकलकर सूरज भी परी के घर
उन्हीं सीढ़ियों से चढ़कर आता है

बच्ची पूछती है—क्या कुकरैल बंध्धे से निशातगंज के बीच भी
हम उन सीढ़ियों से चढ़-उतर सकते हैं ?
मैं दिखाता हूँ उसे अख़बार में छपा चित्र
आजा ही खुला है इनसेट एक-बी का सौर- पाल
बहुत कुछ देख सकेंगे हम टी. वी. पर अगले साल

तब केवल रेडियो था इतना ज्यादा टी. वी. न था
ट्रक बैलगाड़ियाँ इक्के ताँगे रिक्शे और खड़खड़े
रोके हुए थे एक दूसरे का रास्ता
एक दूसरे के आगे-पीछे एक दूसरे का गुस्सा

प्यार और परिवार और इनसेट एक-बी से घनिष्ठता से बावजूद
मुझे कुकरैल नाले का एक लोकगुण याद आया
पागल कुत्ते का काटा बच सकता है अगर इसमें नहा ले
इतना कम पानी है कुकरैल में।

—1985

## खिलौने

बच्चे आए खिलौनों के पास
जैसे माँ-बाप आते हैं
बच्चों के पास

किसी को प्यार से घूरा
किसी को ग़ुस्से से सीधा किया
किसी को दे मारा
किसी को प्यार से पुचकारा
किसी को रास्ते पर पटक दिया

माँ- बाप आए और बच्चों को डाँटने लगे
—ऐसे फेंके जाते हैं खिलौने ?

डाँट लगे बच्चे आए
ग़लत जगह छूटे खिलौनों के पास
और खिलौनों को पटक- पटककर डाँट लगाई
जैसे कि वे उन खिलौनों के माँ- बाप हों

फिर ईश्वर आया सपने में बच्चों के पास
ग़लत जगह खिलौनों की तरह पड़े हुए
बच्चों के पास
किसी को धौल मारी
किसी को धक्का मारा
किसी का अंग-भंग किया
किसी को अधिक बीमार
किसी को मौत के घाट उतारा
हर कोई ऐसे ही खेलता है अपने खिलौनों से ।

—1989

## उसकी ख़ुशी

उसने चाहा तो यह था कि कोई बढ़िया-सा सपना देखे
पर देखता क्या है कि बच्चे तमाम प्रौढ़ हो चुके हैं
पेड़ तमाम काटे जा चुके हैं
चिड़ियाँ तमाम मारी जा चुकी हैं
ऐसे में वे आए और कहने लगे दुनिया में ख़ुशी
हमारी सिगरेट के कारण है

फिर भी वह उदास का उदास ही रहा
तो वे भेस बदलकर आए और कहने लगे
तुम्हारी ख़ुशी फ़लाँ ब्लेड की तेज़ धार में छिपी है
अगर तुम उसे आज ही ख़रीद लो

जब उन्होंने मान लिया कि वह नंगा आदमी है
कुछ-कुछ बे-असर और कुछ- कुछ बे-अक़्ल भी
तो कई और लोगों से कहलवाया कि उसकी ख़ुशी के लिए
हमने कपड़ों के डिज़ायन बदल दिए हैं
और गारंटी है वह कभी दुखी नहीं हो सकता
अगर हमारी कंपनी का नाम याद रक्खे

एक बार उसने फिर चाहा कि कोई बढ़िया-सा सपना देखे
जिसमें सिर्फ़ मुस्कराकर ही न रह जाए
फूटकर हँस भी पड़े
तभी एक ऐसा आदमी आया
जिसके हाथ में किसी दूसरे आदमी का जबड़ा था
जो कहने लगा कि ख़ुशी का कोई आर-पार नहीं
आप भी दिन-भर मुस्कुरा सकते हैं
ठना-ठन हँस सकते हैं

अगर यह पेस्ट इस्तेमाल कर लें

वह सारी रात परेशान रहा इस नालायक़ सपने के कारण
जो दुख-दर्द धोने के लिए कभी उसे
साबुन के झाग में डुबो देता
कभी बिछा देता सामने एक सुंदर क़ालीन
जो अगर सचमुच मिल जाए तो उसमें से
एक तो वह कोट बनवा डाले
और बाक़ी उम्र-भर के लिए कुछ मजबूत कपड़े

कपड़े वह ज़्यादा जाड़े के कारण पहनता है
ख़ुशी के नहीं
ख़ुशी जो कभी सचमुच मिल जाए
तो डर है वह कहीं कपड़े उतार न दे

लेकिन तभी उसे सपने के छोर पर अचानक
पाँच-छः पेड़ दस-बारह चिड़ियाँ
और पंद्रह-बीस बच्चे दिख गए तो उसने सोचा
ईश्वर करे और मेरा सपना झूठ हो
वरना जो-जो सपने आज तक देखे गए
उनके अनुसार तो अब तक जाने क्या-क्या हो जाना चाहिए था ।

—1982

## दो विद्वानों के बीच साग- पात

एक विद्वान कुछ गुन-गुना रहे हैं
अजीब मनःस्थिति में
कुछ चबा रहे हैं दूसरे विद्वान
पहले को अच्छे लगते हैं स्वर
जब वे नाक से निकलते हों ख़ासकर
दूसरे को अच्छे लगते हैं व्यंजन
कहीं से वे बने- बनाए आए हों अगर

गुनगुनानेवाले विद्वान उठ खड़े होते हैं
देकर ताल
दोनों में से किसी को भी मालूम नहीं है
रसोई का हाल

पहले विद्वान को अच्छी लगती है मूली
दूसरे को गाजर
दोनों टूट पड़ते हैं पनीर पर
एक ही कमज़ोरी है दोनों विद्वानों की
चने की दाल में मिली हुई लौकी
ऐसे में दोनों को अच्छे लगते हैं
हाँ-हाँ करते हुए हूँ-हूँ करते हुए स्वर और व्यंजन

खा-पीकर दोनों विद्वान अप्रभावित हो जाते हैं
समाज से
यहाँ तक कि एक दूसरे से भी नाता नहीं जोड़ पाते
परे हो जाते हैं कल से और आज से
चले जाते हैं नींद की मुख्य धारा में
तलछट की तरह वे ख़ुद को बचा हुआ पाते हैं

जगाते हैं अपने को
पाते हैं इसी अप्रासंगिक दुनिया में
आ घेरती हैं उन्हें कई प्रासंगिक चिंताएँ
नतीजतन विद्वान पहले से कटे हुए फल नहीं खाते
वे भविष्य का कोई जोखिम नहीं उठाना चाहते
वे किसी के यहाँ बहुत कम जाते हैं
फिर भी वे जाते हैं इतिहास में
और बाल्यकाल में टपकती ओस पर थम जाते हैं

विद्वान फिर कुछ खाते हैं। फिर कुछ गाते हैं
फिर
वे अत्यंत प्रभावित होते हैं मिर्च से
लपकते हैं नमक की ओर। खोजते हैं ठंढे और मीठे फल

एक विचार से दूसरे विचार का अंडा देने के लिए
बुनते हैं घोंसला
पर विद्वान अंडे कम देते हैं और बीट ज़्यादा करते हैं

आलापनेवाले विद्वान और सुननेवाले विद्वान
दोनों एक-आध रोटी और एक-एक करछुल भात
ज़्यादा से ज़्यादा खाते हैं

विद्वान कम खाते हैं ज्यादा गाते हैं
इस प्रकार विद्वान बस आते-जाते हैं
पर सामाजिक दुर्भाग्य उनका भी पीछा नहीं छोड़ता
वे घर से बाहर आते हैं और गंदे-संदे लोग
उन्हें बदज़ायका कर जाते हैं

ऐसे विद्वानों के सामने ठीक से आना चाहिए
इस गंदी-चिंदी दुनिया को
वरना विद्वान तो मर जाएँगे यह सब देखकर
और विद्वान मर गए तो विचारों का क्या होगा ?

बस एक विकल्प है
या तो गंदे-संदे जीवन को हम साफ़-सुथरा
और स्वस्थ जीवन बना दें
अन्यथा विद्वानों को मर जाने दें
और जो चल रहा है विद्वानों की मर्ज़ी के ख़िलाफ़
उसे चलने दें

एक और भी विकल्प है कि मूलियाँ ख़ूब हों
गाजर ख़ूब हों
फल और रोटियों की कमी न रहे
और विद्वानों को चाहिए कि वे घरों से
बाहर न निकलें
और निकलें तो विचार के अलावा कुछ और न करें
कृपया विद्वान रस लें और स्वाद ग्रहण करें।

—1984

## स्वाद

कुछ लोग चीज़ें नहीं खाते
सिर्फ़ स्वाद खाते हैं

धीरे-धीरे वे भूल जाते हैं
स्वाद और चीज़ों के रिश्ते
उनके लिए स्वाद चीज़ों के अंतर्गत
चीज़ें स्वाद के अंतर्गत नहीं रह जातीं

कुछ लोग बेस्वाद चीज़ों से भरते हैं पेट
वे स्वाद नहीं खाते चीज़ें खाते हैं
वे जानते हैं
बेस्वाद चीज़ों में कैसे-कैसे स्वाद होते हैं।

—1984

## कार्य- व्यापार

पूरी नदी पाइपों में डाल दी गई है और उसके रास्ते पर
तरबूजों की खेती का प्रस्ताव है। तुम नदी के
बारे में पूछोगी तो मैं तुम्हें तरबूजों के बारे में बताऊँगा

काई के रंग की रेत में बीज छोटी-सी डुबकी लगाएँगे
घोंघों मछलियों और घड़ियालों के पंजरों को
जड़ों में महसूस करती बेलें उपजेंगी
और उन्हें लहरों जैसे सफ़ेद सपने आएँगे

नदी नीली पीली और लाल हो जाया करती थी भीतर
डूबे हुए आकाश के कारण कभी बादलों से
धुँधली और उदास कभी बर्फ़वारी से चितकबरी
बड़े होते हुए तरबूज धीरे-धीरे वैसे दिखेंगे
जब उनके भीतर महीन और मीठा और ठंढा अँधेरा बरसेगा

नदी की आवाज़ से रात की गहराई और उथलेपन का अंदाज़ा
लगानेवाले प्यासे हिरन पुरानी आदतों के मुताबिक़ जंगलों से
उतरेंगे और तरबूजों को सूँघकर वापस चले जाएँगे

रात के तीसरे पहर। ब्राह्म मूहूर्त को छूनेवाली हवा
की सुरसुराहट में नींद जब दिमाग़ से अंतड़ियों तक
घुसी हुई होती है जंगली सूअर और भालू और सीही
आएँगे। और कई तरबूजों पर मुँह मारते हुए
फाड़ते हुए उस खेत को पार करेंगे जो पहले
मछलियों की छाया में अथाह नदी का तल था
सुबह के सूरज की तरह तरबूज उछलेंगे और कसैली दुनिया
मिठास की परिक्रमा करेगी

पर भीड़ भरे कोनों में उन्हें बेचनेवाले
कभी नहीं कहेंगे कि लोगो ये कुछ जंगली जानवरों को भी
पसंद हैं—आइए तरबूज खाइए !

उन्हें चखते ही या देखते ही तुम जान जाओगी
कि नदी कितनी रहस्यमय होती है !

—1982

## इक्कीसवीं सदी का एक विज्ञापन

वैज्ञानिक बंधुओ !
मैं सारी चीज़ों का ठेकेदार हूँ
मिलकर आपको ख़ुशी होगी

मैं चौदह साल से कम के बूढ़ों का समाज चाहता हूँ
वैज्ञानिक बंधुओं के लिए एक ख़ुशख़बरी
कामयाबी का एक सुनहरा मौका

मुझे ऐसे बच्चे चाहिए जो सीधे आदमी हो जाएँ
जिनके बड़े होने और खड़े होने का इंतज़ार न करना पड़े
जो एकदम तैयार रहते हों और छुट्टी न लेते हों
जो सोचें नहीं सिर्फ़ करें
बस बीमार न पड़ते हों जो सिर्फ़ जिएँ और मरें ।

—1989

## आर्थिक मामले

एक सौदागर ने कहा हिंदुस्तान को अपना स्वास्थ्य
बनाना चाहिए
न्यूयार्क के बाज़ार में एक हिंदुस्तानी नर- कंकाल ने कहा—
इनक़लाब ज़िंदाबाद !
ह्वाइट हाउस ने टिप्पणी की—
इससे बड़ा और क्या सबूत हो सकता है
हिंदुस्तान में के. जी. बी. के होने का

तभी सी. आई. ए. ने हांगकांग से ख़रीदा
एक चीनी नर-कंकाल खड़ा किया
जिसने कहा कि कामरेड हिंदी !
अमेरिका सबसे बड़ा धार्मिक देश है
सबसे बड़ा लोकतांत्रिक देश है
सबसे बड़ा हिंदू देश और सबसे बड़ा बौद्ध देश है
सबसे बड़ा मुस्लिम देश और
सबसे बड़ा ईसाई देश है

अमेरिका को माओ, चाओ, हुआ और झाओ
चारों मानते हैं

लो अमेरिका ने तुम्हारे लिए एक अंतरिक्ष रोटी बनाई है
इसे खाओ वरना बाज़ार में
तुम्हारी हड्डियाँ दोयम दर्जे की गिनी जाएँगी
पैदा चाहे तुम कहीं भी होओ
बिकना तो तुम्हें अमेरिका में ही है
दूसरे सौदागर ने कहा कंगाल देश बहुत कुछ कमा सकते हैं
तगड़े कंकाल बेचकर !

—1986

## जयपुर में चाँद की पोल

चुकाना है कोई उधार
सोने का वक़्त हो गया है रोने का
थकान भरी। लेकर अपनी-अपनी दरी
पीछे की खुली छत पर आ गई है लड़कियों की डार

खींचतान, गाली-गुफ़्ता, झोंटा- नुचौव्वल
लात मार
इस तरह पैसे कमाने हैं इन्हें
चुकाने हैं ज़िंदगी और समाज
और जाने किस-किसके उधार

कभी रामगंज में चुकाया
कभी चाँदी की टकसाल में
कभी छोटी चौपड़। कभी बड़ी चौपड़
कभी दालमंडी में

गर्मियों की पूर्णमासी
अपनी- अपनी मैली चादर के साथ
सो रही हैं कुछ वेश्याएँ
साध्वी भी नहीं सोती हैं ऐसी गहरी
ऐसे सपने आते नहीं हैं रोज़-रोज़
साध्वियों ने किया एक वेश्या भोज
चाँद के ढलते ही मुलम्मा उतर गया
पर न कभी बंद होती है
न खुलती है चाँद की पोल।

## लोकगीत

दीवारों पर धीमे जीवन के चटखारे उकेरे हुए देखकर
मन बहुत तेज़ी से भागने लगता है जबकि अधिक से अधिक
तेज़ गति वहाँ नाच की अल्पना में अंकित है

तीव्रता का गोल घेरा अनुभव की धाकड़ता और बने रहने की ताक़त
संवेदना के स्नायुओं पर इस हद तक ज़ोर
कि वही धीमा और मंद जीवन चमकने लगता है लोकगीतों में
यादों का हिस्सा बनते-बनते आदतों का हिस्सा बन गया जो

मगर आज जहाँ-जहाँ लोकगीत होगा वहाँ-वहाँ
धीमा और मंद और सीमित जीवन होगा
भले ही वह सुखी और सुरक्षित क्यों न लगता हो
आदतें बदल गई हैं सिर्फ यादें रह गई हैं जिसकी

कुएँ पर झुकी हुई एक स्त्री
बैलगाड़ी की रूँ-चूँ और पाताल लोक से आता हुआ
एक बाल्टी पानी
प्यासे दुख जिसकी प्रतीक्षा में हैं
इस अनोखे जड़ चित्र को निहारने में अब रत्ती-भर रुचि नहीं है
हिलती हुई लालटेन के बावजूद
घसियारी स्त्री के सिर पर बोझ और पेट में बच्चे के बावजूद

एक ही झकोले में फेंके गए धीमे और मंद जीवन के शिकार
हज़ारों-हज़ार लोग
कभी-कभी एक गमछे से झाड़ी- पोंछी अपनी ज़िंदगी में
पैदा कर ओढ़ते-बिछाते हैं एक गाना
जिसका सिरहाना-पैंताना पता नहीं चलता

लोकगीत तो क्या उसका आख़िरी खिकोला भी नहीं बचा पाए हम
जिस तरह लोकगीत एक गाना बनकर मरा
ग़नीमत है उस तरह नहीं मरा वह धीमा और मंद जीवन
सर्राटेदार कारों की बग़ल में चलता हुआ
लोकगीतों के बिना जो एक गद्यमय लोकजीवन दिखता है
जिसकी सारी सुस्त नजदीकियाँ खो गई हैं
और खो गई है रही-सही देहाती देह भी
जो केवल इलाज के लिए पैसा कमाता हुआ दिखता है
जो गा सकता है फोकट में मिला हुआ कोई भी गाना
बड़े से बड़ा करतब दिखाते हुए

आदिवासी क्षेत्र में जाकर लोकगीत ढूँढ़ना
उनके शरीर में जूँ ढूँढ़ने जैसा भी नहीं है जो उनके
पसीने से ही पैदा हुए हैं

इस तरह हमने अपने लोकगीत खोए प्रायोजित गीतों के भरोसे
बने-बनाए संवादों के भरोसे खोई अनकही
बने-बनाए संगीत के भरोसे खोए नए लय-ताल
हमारी कहानी केवल मन-पसंद विवाह न कर पाने की कहानी नहीं है

बैल के हलवाहे के घसियारे के लोहार के सोनार के
पनिहारिन के गीत की जगह अभी तक नहीं आया है
ट्रेक्टर का ड्रायवर का पायलट का चारा मशीन और फ़ैक्टरी का गीत
न जौहरी बाज़ार का न शेयर मार्केट का न नल-जल का गीत
धीमे मंद सुस्त स्थानीय अनुभव की दाईं करता हुआ
जीते हुए भी जो दिखता है केवल मरता हुआ
जिसमें ट्रक पर कार पर रेल पर हवाई जहाज़ पर
बच्चा पैदा हो सकता है पर नहीं हो सकता एक लोकगीत

पीछे देखता हूँ पाता हूँ भविष्य कैसे-कैसे आया जीवन में
अनिश्चय में कूदना और निश्चय से पीछे हटना
जिनके दिखते नहीं थे उनके कैसे अंत हुए

कैसे-कैसे आया भविष्य व्यक्तिगत जीवन में
जहाँ था केवल विकराल वर्तमान असमर्थ अतीत वहाँ कैसे-कैसे हँसी खेल हुए
कैसे-कैसे लोग दाख़िल हुए और कैसे-कैसे निकले
कैसे अचानक चमके रोते चेहरे
जितना पीछे देखता हूँ उतना पीछे दिखाई देता है भविष्य

पर लोकगीत बचाए रखने का तरीक़ा नहीं है
पुरानी दुनिया का ढर्रा बचाए रखना
नई दुनिया में यदि ज़रूरत है पुरानी दुनिया के सिर्फ़ लोकगीतों की

रंग के संकेत से बनी हुई गंध की रेखाएँ नाच का आख्यान लेकर
लोकजीवन की आवाज़ लाती हैं शब्दलोक में
इसी भाषा की खोज में शुरू हुई थी दीवारों पर गूँजती हुई उकेरन।

—1989

## जो नहीं है

स्फूर्ति थी तब रुपए नहीं थे
रुपए आए तो स्फूर्ति नहीं है
स्फूर्ति में आने चाहिए रुपए
रुपयों से स्फूर्ति नहीं आती

बहुत कुछ कमाया। आदर, पैसा, नाम वग़ैरह
संतुलन बनाने में पलड़ा झुक जाने का डर

ऐसी भी स्फूर्ति थी जिसके कई आर्थिक घाटे थे
उसने एक आदमी को पति एक को पत्नी
एक को पिता एक को माँ
दोस्त को दुश्मन बना दिया
निश्छल को छल से छल-छला दिया
चिंतित को लंपट नागरिक बना दिया।

जो नींद नहीं थी वह भूख थी
पर जो भूख थी वह नींद नहीं थी
बेचैनी है यह निष्कपट स्फूर्ति नहीं
पवित्र स्फूर्ति रुपयों से नहीं आती

जो चीज़ रुपयों से नहीं आती
रुपया आता है उसे खोने के बाद ।

—1990

## निर्णय सिंधु

ईश्वर के रहते-रहते लोग पागल हो रहे हैं
बीमार हो रहे हैं
अपराधी हो रहे हैं
अनादर्श और बे-क़ाबू हो रहे हैं

ईश्वर तुम अब इस सृष्टि में कहीं नहीं हो
अगर हो तो तुम सबसे कमज़ोर तत्व हो
इसीलिए जानी-मानी कंपनियाँ
जीवनदायी शक्तिवर्द्धक तत्वों का नाम
तुम्हारे नाम पर रखने में घबराती हैं।

—1981

## पनघट पर भगीरथ

### (एक)

आगे आगे भगीरथ पीछे-पीछे गंगा
पवित्र पानी खाता है पछाड़
कटता है पहाड़ बनता है रास्ता

वेग गति और प्रवाह से गंगा बन गई नदी
नदी की देह में मटमैला गाद
बनते जाते हैं फैलते जाते हैं दोआब
नदी के मुँह पर झाग ही झाग

आगे आगे भगीरथ पीछे-पीछे गंगा
तल मल बहता है जैसे पुरखों के शव

पानी के पहिए पर पाँव और बीच भँवर घोड़े
चट्टानों से टकराते हैं खुर पेड़ों से थोबड़े

भागते भगीरथ का पीछा करता है पानी नदी बनकर
अड़ती हैं चट्टानें खिसकते हैं जंगल
क़ैद हो जाती है नदी
कटता है क़ैदख़ाना बनता है मैदान

जहाँ जहाँ भगीरथ प्रतीक्षा करता है तीर्थ बन जाते हैं
पिपासुओं की मुमुक्षुओं की जिज्ञासुओं की सभ्यता नगर बना देती है

बहता पानी नदी बन जाता है नदी के बनते हैं कई घाट
नदी बन जाती है एक मार्ग भगीरथ दौड़ रहा है बिना मार्ग के

भगीरथ घुसता है नल में
खुली टोंटी के नीचे खुले में नहा रहा है भिखमंगा
आगे-आगे भगीरथ पीछे पीछे गंगा

फैला है गंगा का कछार
गंगा घुस जाती है पोलिथीन पाउच में
पहुँच जाती है फ़ाइव स्टार
पहुँच जाती है समुद्र पार
हे गंगा मइया सगर के साठ हज़ार पुत्रों की तरह
भगीरथ का भी कर दे उद्धार ।

**(दो)**

गाँव की आदतें आती हैं नगर में
नगर की आदतें लानत बरपाती हैं
लेकर अपनी गँवई उदासी डटा रहता है भगीरथ

हर चीज़ में रुपया पैसा फूँ-फाँ मचाए हुए है
छोड़ आया है भगीरथ बिना पैसे की ग्रामीण शांति
कठिन मेहनत और अर्थहीन सन्नाटा
दुख के पहाड़
पनघट पर मिलन और मरघट पर पछतावा
बहुत कुछ छोड़ आया है भगीरथ

पचास पनघटों जैसी भीड़ तो एक चौराहे पर है
जब गंगा लाया था भगीरथ तब भी नहीं उमड़े थे इतने लोग
सार्वजनिक नल पर और निपटान घर पर जितने खड़े हैं
छोड़े हुए बहुत कुछ में पनघट जैसा एकांत भी शामिल है

कभी भी ख़ाली नहीं रहता रुका नहीं रहता यहाँ कोई भी क्षण
वेग गति प्रवाह सब पर भागम-भाग
ज़िला मुख्यालय- सी हो गई हैं आदतें
आते ही कोई हाकिम विचार कष्ट बढ़ जाते हैं

तुरंत ही दुबक जाता है ग्रामवासी मन शहर में फलीभूत होने के लिए
कोई न कोई चिंगोरा आदमी ठेस पहुँचाए बिना टलता नहीं
बेजड़ बेल और पत्तियाँ दिखती हैं ताजा
दिखते हैं कसोरे में पीपल प्याले में चीड़ दिखते हैं रँगे हुए भांडे
याद आते हैं गंदगी और धुलाई के ठिकाने
घिर आती हैं चिरपरिचित मक्खियाँ

याद आता है उसे पनघट पर मिलन का गीत
फटे हुए नल सी छरछराती हैं देहाती यादें
झुग्गी में गाता है भगीरथ सुना हुआ गाना
- पिय तुम पनघट पर आना ।

—1989

## युद्ध के लिए मौसम

जब दुनिया का ध्यान लड़ाई की तरफ़ हो
तो बच्चों का ध्यान पढ़ाई की तरफ़ कैसे हो ?

प्यार के लिए नहीं युद्ध के लिए मौसम की पड़ताल के समय
लिख रहा हूँ मैं यह कविता
माफ़िक मौसम में किया जाएगा युद्ध
जो सबसे ख़राब मौसम होगा मनुष्य जाति के लिए

अँधेरे में खनिज बात करते हैं
ज़स्ता हूँ मैं तांबा हूँ
कांसा हूँ मैं और मैं लोहा
सोना हूँ मैं और पेट्रोल हूँ

हवा में उड़ते हुए एक भस्म आदमी ने कहा
तुम सब युद्ध हो
बे-दफ़न इंद्रियविहीन हड्डियों ने कहा तुम सब युद्ध हो
और यह वसुंधरा श्मशान है

खनिजों ने कहा इच्छाएँ युद्ध हैं
आवश्यकताएँ युद्ध हैं
बाज़ार युद्ध हैं हम नहीं
ज़रूरत से ज्यादा ज़रूरत युद्ध उपजाती है
युद्ध कराता है बहुराष्ट्रीय धंधे की पहचान

युद्ध माने दस करोड़ डालर प्रतिदिन का बोझ
आर्थिक समुदाय की संस्कृति में युद्ध माने जनहानि नहीं
पशु पक्षी वनस्पति और सन्नाटे की हानि नहीं

पैदल भारत में भी युद्ध दिया दिखाई जो पहले
सिर्फ़ सुनाई पड़ता था

बदल उठते हैं खाड़ी से (मेघाच्छन्न दुर्दिन में)
खनिज से खनिज घायल होता है
बादल उठते हैं । आँसू बरसते हैं । दम घुटता है
इनमें नहीं खिलेंगे इंद्रधनुष ये युद्ध के बादल हैं

प्यार नहीं है कोई औज़ार जिसे चलाया जा सके
रसायनों से उठती है युद्ध की खाज
इतना परिष्कृत हो गया है युद्ध कि वह एक बटन है
जिसका कहीं कोई काज नहीं

हत्या के लिए एक नया शस्त्र देती है प्रोद्योगिकी
तकनीक कष्ट कम करने के बहाने उजागर होती है
और छिपा देती है हथियार की क्रूरता को

प्लेटिनम के सामने अल्मोनियम के अंग रखकर
युद्ध चाहता है इंद्रियविहीन अपार सहनशीलता
और प्राणविहीन समर्पित प्रतिरोध…

प्यार के लिए नहीं युद्ध के लिए मौसम की पड़ताल के समय
लिख रहा हूँ मैं यह कविता
जिसमें जनरल के धर्म से पहचाना जाएगा युद्ध का धर्म ।

—1990

## रोर

एक अगाध कुँआ जिसके तल पर नदी बह रही हो
जिसमें से एक समुद्र की आवाज़ शंखों सी-आ रही हो
ऐसा अनुभव ऐसी भाषा
जिसका अदृश्य, दृश्य से बड़ा हो
और अश्रुत श्रव्य-सा खड़ा हो
अक़्सर मैं सुनता हूँ ऐसी भाषा का रोर
अपने सपनों में।

# हाथी और पहाड़

## हाथी और पहाड़

[1]

मैं पहाड़ का वासी हिंदी आती मुझको अच्छी-ख़ासी
जितनी गढ़वाली। हर गढ़वाली को हिंदी भाती
मुलुक देस से वो मिलवाती। छोटा-मोटा काम दिलाती
क्या यह कोई छंद हुआ भै देहाती

उड़िया बंगला तमिल तेलगू औ' मलयाली
कन्नड़ और मराठी पंजाबी औ' गुजराती
राजस्थानी तो भरी पड़ी है। रिश्तों तक में छत्तीसगढ़ी है
माँ को बई बाप को बुबा गैल्या माने साथी
बस गढ़वाल में एक जीव नहीं होता—हाथी।

[2]

भले ही बड़ौदावालों के लिए पहाड़ हाथी-जैसे हों
मेरठवालों के लिए राख के ढेर
भले ही बोझ हों लखनऊ के लिए
पर यदि हटा दिए जाएँ पहाड़
तो क्या हिंदुस्तान के सिर पर अल्मोनियम का
पतीला रक्खेंगे

पहाड़ फिर पहाड़ फिर जिधर देखो पहाड़ खड़े हैं
हाथी के बग़ल में सामने भी पीछे भी जैसे हाथी बँधे हों
ऊपर किसी चोटी पर ठिठका अक्तूबर का बादल
सफ़ेद हिरन या जैसे किसी ऋषि की दाढ़ी
दूर की चोटियों पर पेड़ जैसे कुछ तिरन
काहिया कुछ कत्थई कुछ ताम्र बरन।

[3]

हाथी आया
महावत लाया उसे हरद्वार से हाँकता-हाँकता उत्तरकाशी के मेले में
हुमच के साथ घंटी बजाता
देख न लिया होता तो वह आज भी बड़ा होता मेरे दिमाग़ में
कितना पिद्दी था वह सचमुच का हाथी
जिसे क़ाबू किए था एक अट्ठारह-उन्नीस बरस का लड़का
जिसकी माचिस गिर जाती बीड़ी गिर जाती
उठा देता हाथी
कुली या चपरासी-जैसा था हज़ारों का हाथी

गंदी ज़ुराबों में प्लास्टिक के दो-फाड़ जूतों में
उसके पैर पता नहीं कैसे थे
मैले मुख से टपकता अमर बासीपन
जैसा दुबला- पतला वैसी ही नाक के बावजूद
अधोई आँखें आंजी-सी दिखने के बावजूद
जैसे वह सलवटों भरे हाथी का कड़ा-सा कोई रोयाँ हो

पहाड़वाले हाथी को ही समझ रहे थे हरद्वार
जबकि लड़के और हाथी दोनों को ही था बुख़ार।

[4]

एक दिन ऋषिकेश से टिहरी जाते हुए
आगराखाल में पकोड़े खाते हुए
बड़ा स्वाद है वहाँ की उड़द में
अदरख सबसे अच्छा होता है वहाँ
सोचा कि यहाँ का नाम आदराखाल होना था

याद आया इस लड़के को हाथी पर देखा था
लपक-झपक जो ड्रायवर के लिए चाय ला रहा था
अब यह क्लीनर है हैंडिल मारता है जो तब अंकुश मारता था

हाथी की पीठ पर बैठा-बैठा यह लड़का एक दिन बुढ़ा जाएगा
या कोई योद्धा हो जाएगा शिरस्त्राण पहने हुए
या कोई छोटा-मोटा महंत हो जाएगा हरद्वार में
तब कोई और हाँकेगा हाथी वह पीछे-पीछे चलेगा दक्षिणा बटोरता
उन साधुओं की तरह जो उत्तरकाशी में दिखे थे
हाथी के पीछे शंख बजाते

तब आदिम चीज़ के पीछे अरक्षित-सा
आधुनिक के साथ वह सुरक्षित-सा लगा कई बार
यह बात रही होगी कोई अक्तूबर-नवंबर की
नजदीक ही था दीवाली का त्यौहार।

[5]

मेरे दोनों ओर खड़े हो गए थे वे जिनमें
हाथियों का बल और घोड़ों की ऊर्जा भरी पड़ी थी
घरघराते हार्न बजाते
पर जिन्हें न अपनी सुध न दूसरों की कोई याद
बिना ब्याहे बिना ब्याए क़ीमती उनके बच्चे
दौड़ते घोड़ों फुदकते उड़नोत्सुक पंछियों को मात दे रहे थे

आधा घंटे में ऐसे बीसियों हाथी खड़े हो गए थे वहाँ
जिनके एक भी दाँत नहीं दिखता था न दिमाग़
जो न अपने साईस को पहचानते थे न क्लीनर को
न सड़क पर पड़े बीड़ी के बंडल को
जिनके चेहरे ख़तरनाक समुद्री जंतुओं से मेल खाते थे
इस लड़के की वजह से याद आया मुझे हाथी
जिसे पुजारी की तरह सजाया गया था
पर जो चेहरे से मसख़रा आँख से रोता हुआ लगता था।

[6]

कई दिन हो गए थे इन सब चीज़ों को भूले हुए

एक दिन मसूरी की बस पकड़नी थी चंबा से
बड़ी भीड़ थी जहाँ एक सदरी भी पड़ी थी बिना ढकी लाश के पास

यह वही लड़का था जिसे मैंने हाथी पर बैठे देखा था
एक समय उत्तरकाशी के मेले में
जो पहिए की चपेट में आ गया था
उसी ट्रक के नीचे जिस पर काम करता था

सोचता होगा जिसे इतना नहलाता-धुलाता झाड़ता-पोंछता हूँ
गाता-सोता हूँ जिस पर
क्या वह मुझे कुचल सकता है
या इस लड़के को हाथी से भी यही डर लग रहा होगा
बहुत सारी संभावनाएँ थीं उस साल
जिस दिन मैंने उसे हाथी पर देखा था उत्तरकाशी के मेले में

कौन मरा यह क्लीनर या महावत 'नरो वा कुंजरो वा'
या जिसमें मुझे ड्रायवर या महावत बनने की संभावनाएँ
दिख रही थीं एक दिन
बहुत बड़ी हैं संभावनाएँ सफ़र बहुत छोटा है
पत्थर लगने से, पैर फिसलने से, नदी तरने में, चढ़ने-उतरने में
हाथी की चिंघाड़ जैसी अनेक चीख़ों से भरे हुए हैं पहाड़
जिन्हें बुहारने के लिए पेड़ों पर लटके हुए हैं हवा के झाड़ू।

—1983

## निरुत्तर पहाड़

पहले पहाड़ उड़ते थे
हज़ारों साल पहले पहाड़ उड़ते थे
कौन उड़ाता था इन्हें
समय ? घटनाएँ ? या परिणाम ?

इतनी अस्थिरता इतनी उथल-पुथल थी
कि जहाँ नहीं थे पहाड़
सुबह वहाँ दिखाई देते थे पहाड़

एक बार पूरब से पश्चिम तक
उत्तर दिशा में जा बैठे निरुत्तर पहाड़
और अनुकूल देशांतर पाकर
वहीं जम गए
तब से बैठे हुए हैं उदास थके हुए पहाड़
लस्त-पस्त हाथ-पैरवाले
धँसते शरीर और टूटते डैनोंवाले पहाड़

जिनके गिरते डैनों पर बसे हुए गाँव
चले आ रहे हैं बहुत दूर
नीचे और नीचे । ऋषिकेश हरद्वार
देहरादून दिल्ली
कलकत्ता बंबई और मद्रास
हिमालय का कौन-सा संदेश लेकर
जा रहे हैं ये गाँव समुद्र के पास ?

—1984

## काखड़

शाम से ही बोल रहा है काखड़
चाँदनी में चमक रहे हैं बाग़ और श्मशान
पेड़ों की भुतही छाया में शिलाएँ किसी और लोक में जा बैठी हैं
शिखर बैल के कँधे जैसे कोमल लग रहे हैं

शाम से ही बोल रहा है काखड़ जैसे बिछुड़ गया हो
इस यथार्थ में बाघ आया झाड़ियों से बाहर
चाँदनी में शिकार करने जहाँ काखड़ शाम से ही बोल रहा है
जैसे बताना चाहता हो अपना डर पूरे जंगल को

दादी कहती है कल पानी बरसेगा शाम से ही
बोल रहा है बिचारा काखड़
जाड़ों में बारिश याने सीधा हिमपात
और जंगली जानवर चले आएँगे बस्ती में

चाँदनी में शौच कराती है दादी अपने नाती को
जल्दी कर वरना बाघ आता होगा
बच्चे को सुनाई दी स्कूल की घंटी
यह पानी का लोटा लुढ़का

डाँडे पार के स्कूल से लौटे हुए बच्चे बिना ओढ़े
सो गए हैं भीतर
बाहर चाँदनी है और काखड़ बासता हुआ भागा जा रहा है

बाघ उसका इंतज़ार कर रहा है गदेरे के पास
जहाँ पानी झाड़ियों और शिलाओं के नीचे से
पहली बार प्रकट होता है
और जिसमें दिखाई दे रहा है भरपूर चाँद
काखड़ भागता हुआ आ रहा है चारों दिशाओं से

और बाघ उसका इंतज़ार कर रहा है एक बिंदु पर
पानी के पास
और घास चमक रही है चाँदनी में होनेवाली हत्या के
आस-पास
घास चमक रही है बाघ की धारियों के आस-पास

अचानक बाघ ने देखा कि काखड़ तो चाँद पर बैठा है
और देखे अनेक भूखे बाघ पत्थर बने बैठे हैं
नदी के किनारे

इंतज़ार हर भूखे को थका देता है
थके हुए बाघ को एक झपकी आई
जंगल ने आधी रात की साँस ली
सपने घरों में दाखिल हुए
चाँद ने पहले दर्जे के बच्चे से कहा
यह काखड़ की छाया बचाई है मैंने तुम्हारे लिए
काखड़ तुम्हें खुद बचाना है
तुम उसके पसंद की स्वादिष्ट घास और
पौष्टिक पत्तियों को पहचानना सीखो

वनस्पतियों के उद्यम-सी चमक रही है चाँदनी में
नदी
किनारे नींद में पथराया बैठा है बाघ
नम हो रही है धरती कम हो रहा है अँधेरा

पश्चिमी डाँडे के कोमल कैंधे की ओर
भूखे बाघ की जम्हाई से दूर
रत्नजटित आकाश को चरता हुआ
उतर रहा है मटमैले रंग का काखड़
रातवाली छाया से उबर रहे हैं पेड़।

—1983

## सपने में दादी

बरसों पहले मरी हुई मेरी दादी जंगल में लकड़ियाँ बीन रही है

मैंने कहा अब घर में गैस है बिजली है
चीड़ की छेंतियाँ क्यों बटोर रही हो
इनका कसैला धुआँ साँसों को कडुवा फेफड़ों को ख़राब कर देगा
चेहरे को मैला और कपड़ों को धुमैला कर देगा

यह कमेड़ी मिट्टी क्यों इकट्ठा कर रही हो
अब तो घर की पुताई के सारे रंग
भुवनलाल की दुकान में मिल जाते हैं
दादी ये भूग* के पत्ते और ये छेनी- पत्थर क्यों सँभाल रही हो
अब अगेला नहीं चलता
सब जगह माचिस ही माचिस और लाइटर ही लाइटर आ गए हैं
दादा कैसे हैं मैं पूछता हूँ दादी से

—तुम्हारा दादा चाँदनी रातों में पहाड़ पर भूग बोता है
रात- भर अगेले गढ़ता और अगछेनियाँ बीनता है
तुम्हारा दादा मरी हुई आत्माओं की मदद करता है

मुझे ख़ुशी हुई मेरा दादा दीवार पर टँगा हुआ एक चित्र नहीं है
—बेटा तुम्हारे लिए इतना दुख इतना संताप तो नहीं छोड़ गये थे हम
पहाड़ रात-भर दुखभरी हवाओं को चीरते हैं
न्यौली रात- भर रोती है
—दादी ! तुम्हारी वे फ्योंली-जैसी परियाँ कैसी हैं ?
—उन्ही के लिए तो लकड़ियाँ बीन रही हूँ
वे अब भी भड़पकी रोटियाँ खाती हैं

---

भूग = जंगली कपास का पौधा ।

फूँक मारकर चूल्हा जलाती हैं
वे तुम्हारे बच्चों के लिए भी उतनी ही हमउम्र
और उतनी ही सुंदर हैं
वे भाग्य की बारहमासी गूँज हैं

उन्हें कल्पनाशील बच्चे, जोखिम भरे जवान और साहसी बूढ़े पसंद हैं
परियाँ अब भी सीखने के मूड में और गुणवानों की ढूँढ़ में हैं
वे कल्पना और मेहनत से जन्मी ऐसी सिद्ध स्त्रियाँ हैं
कि जब जिस रोटी को जिस भूख से पुकार दें
वह उसके अनुरूप और गुण की हो जाती है
चीड़ की छेंतियाँ भूनकर वे मेवे बनाती हैं
गिरे हुए खोए हुए बीजों से जंगल उगाती हैं
कमेड़ी मिट्टी से पूर्णिमा के चाँद को नहलाती हैं
दुख के ठीकरों पर रोज़ एड़ियाँ चमकाती हैं
परियों के हाथ हैं रंग की खेती

कोई चाहे कि परियों को अपनी बीवी बना ले
और फिर उनकी ख़ाल उधेड़े
ऐसे मर्दों को परियाँ सूत-सूत नापकर सुखा देती हैं
ये जंगल ये रंग ये गुफाएँ ये अँधेरे सब परियों के बनाए हुए हैं
ये जन्म ये जीवन सब परियों के रचे हुए हैं
सूरज उनका सफ़ेद गरुड़ है जिसे रात को वे तारे चुगाती है

जब तक जंगल हरे हैं परियाँ नहीं मरेंगी
अगर तुम जंगल को घरों, शहरों और नगरों में बुला लो
तो तुम जिस स्त्री को देखोगे वही परी नज़र आएगी
परियाँ जंगली नहीं होतीं वे घरेलू स्त्रियाँ होती हैं।

—1985

## पहाड़ पर रास्ते

एक बार एक आदमी के पीछे चलता यह रास्ता एक दिन
पहाड़ के सिर पर पहुँच गया
और उसी के पीछे-पीछे दूसरी ओर उतर गया यह रास्ता

उसके बाद लोग नई-नई घटनाओं के साथ
उसी रास्ते से चढ़े और उसी के लगाए हुए रास्ते से
दूसरी ओर उतर गए

आसमान में सर्पाकार पेड़ की तरह चढ़े हुए
इस रास्ते के दोनों ओर कई और रास्ते फूटे हैं
वे रास्ते कैसे फूटे ?

कई बार तो ये तब फूटे जब कोई इस रास्ते से
बचना चाहता था
और कुछ तब फूटे जब कोई इस रास्ते से भटक जाता था
कुछ नए रास्ते उन भटके हुओं ने भी बनाए
जो फिर इसी रास्ते पर चले आए

कुछ लोग तो कहीं के कहीं पहुँच गए
कुछ बीच में ही ख़त्म हो गए
कुछ भटकने के बाद भी पहाड़ लाँघ गए

कुछ ऐसे भी रहे जो इस रास्ते के फेर से बचना चाहते थे
वे पहुँचे और उन्होंने जाना कि उधर भी घर
बनाए जा सकते हैं
क्योंकि उधर भी झरने हैं समतल टुकड़े हैं
ढाल हैं ताल हैं
रास्ते छूटते चले गए। बनते चले गए
रास्ते निकलते चले गए। बदलते चले गए
इन रास्तों के बीज आदमी के दिमाग़ से पैरों तक फैले हुए हैं

ढलानों को समतल बनाया हवा ने पानी ने
और अंत में आदमियों ने
जो हवा पानी और जंगली जानवरों से लड़े
उन्होंने ये मेड़ें बाँधी हैं
नाखूनों से गूलें खोदीं और पानी की उँगली-भर मोटी धार
घरों तक ले आए
सारे रास्ते घरों तक आ गए
आदमी पैर धोकर घर के अंदर जाने लगा

तब क्या घर पहुँचते ही रास्तों का अंत हो गया ?

नहीं, बल्कि हर कोई हर बार एक नए रास्ते की
तलाश में सोता-जागता था
तब कुछ रास्ते पैर के बजाय हाथ से निकलने लगे
कुछ रास्ते चलने के बजाय रुकने से निकलने लगे
कुछ रास्ते अँधेरे से भागने के कारण निकले
कुछ उजाले से भागने के कारण निकलने लगे

तब से हालत यह है कि करवट बदलते ही आदमी
किसी नए रास्ते पर पहुँच जाता है
जो पचास और रास्तों से जुड़ जाता है
अब अलग से चलने के लिए यहाँ कोई जगह नहीं है
बस एक ही रास्ता नया हो सकता है
इन सब रास्तों को जानकर उस रास्ते को जानना
जो ज़्यादा दूर तक जाता हो
जो विघ्नों से निपटने के साधन देता हो
जिनमें मेरा साहस भी एक है
कम से कम एक पड़ाव और आगे मैं उसे ले जाना चाहता हूँ

वहीं तक यह रास्ता मेरे आगे-आगे चलेगा
जहाँ तक यह पहले कभी किसी के पीछे-पीछे चला था
शेष रास्ता मुझे बनाना है
जो सिर्फ़ विपत्ति में ही दिखाई देगा ।

—1986

## प्रस्थान

घर से बहुत दूर निकल आने पर देखा पीछे—हिमालय आगे बस अड्डा
ऊपर अक्तूबर के ऋषि बादल। नीचे नदी
जो आगे जाकर दुर्लंघ्य हो जाती है

कल का और आज का जिस तरह अंत हुआ
उसके लिए कल भी उतना ही डर होगा
कि भविष्य में खड़ी हैं जाने कैसी-कैसी घटनाएँ
पर कूदना तो पड़ता ही है

दरियादिल पहाड़ की चोटी पर आ रही है
जाती हुई नदी की आवाज़। भागती- टकराती आवाज़

दाएँ-बाएँ बाघ डुकरते हैं
भालू भुभियाते हैं हुहाते हैं सियार

वह जा रहा है जीजा के सहारे दिल्ली
अगर कुछ न हुआ तो चला जाएगा मामा के सहारे बंबई

उत्तुंग चोटी पर जो घटियापा हुआ और सुरम्य घाटी में
जो अंत। कल एक विराट मैदान में जो कुछ होगा
छोटा डर निकलते ही आकर बैठ जाता है एक बड़ा डर

बढ़ा हुआ बस-भाड़ा बढ़ा हुआ रेल- भाड़ा है वह
जितने में पहले फर्स्ट क्लास होता था
उतने में सैकिंड क्लास हो गया थर्ड क्लास में ही

पहले से ज्यादा महँगी हैं सुबहें कठोर हैं झोंके
पेचीदे हैं उजाले रेल से उतरते हैं साले उतरते हैं भानजे।

—1987

## मोड़

ऐसे मैदान जिनमें रास्ते नहीं होते भाग्यहीन व्यक्ति की तरह लगते हैं
ऐसे रास्ते जिनमें पेड़ नहीं होते कर्महीन जीवन की तरह लगते हैं

जो रास्ते सड़क बन जाते हैं पुरखों की तरह याद आते हैं
देखता हूँ कि कितना सुंदर था उन कुछ कठिन रास्तों का भविष्य

कितनी सुंदर है यह सड़क और इससे भी ज़्यादा सुंदर हैं इसके मोड़
मोड़ पर ओझल होते हुए कुछ लोग। कहाँ जाते हुए
कौन रहे होंगे वे शायद उन्होंने ही बनाई हो यह सड़क ?

उनमें से कोई ज़रूर मिलेगा मुझे भविष्य के किसी जटिल मोड़ पर
मैं जान भी नहीं पाऊँगा कि यही था वह जो ओझल हो गया था
किसी मोड़ पर बहुत सारे लोगों के साथ

एक और मोड़ पर ओझल हुई थी जो महिला। लड़का जो
आते-आते मुड़ गया था। बच्ची जो चौंककर डगमगाती
भागी थी
वे सब मिलेंगे मुझे किसी न किसी मोड़ पर
जो बन गया होगा उनकी ज़िंदगी में और जिस पर
मुड़ना होगा मेरी ज़िंदगी को

मुझे सुंदर लगते हैं मोड़ चाहे सड़क पर हों चाहे वृक्ष में चाहे ज़िंदगी में
इन्हीं में से होते हैं कुछ अच्छे कुछ ख़राब कुछ विचित्र मोड़
जिनके बिना कुछ दूर तक ही भली लगती है सपाट सड़क
फिर आना ही चाहिए कोई नया मोड़
बस आता ही होगा कोई नया मोड़।

—1987

## चाहिए एक बच्चा

एक आदमी
एक छोटे से छोटा आदमी
कितना छोटा आदमी ?
–जितना एक बच्चा

कितना बड़ा बच्चा ?
जितना होने से वह एक आदमी हो जाए
कैसा आदमी
तजुर्बेकार बेहतर आदमी
या कच्चा और ढुल-मुल ?

–नहीं-नहीं, बल्कि कुछ ऐसा
जो पत्थर से बने पेड़ की तरह
कट्टर न हो

ऐसे को तुम शुक्राणु में देखना पसंद करोगे
या अणुबम में ?

नहीं-नहीं···बाप के पैरों पर झूलता
टिक-टिक घोड़ा करता

ऐसा तुम उसे कहाँ देखना पसंद करोगे
किताबों में या चित्रों में
या सिर्फ़ ख़यालों में
या कुछ ऐसी दंत कथाओं में
जिनसे कोई प्रसंग जुड़कर
आधुनिक हो जाए

नहीं-नहीं,
आज के किसी घपले में
घायल बाप के पास भी
चाहिए एक बच्चा
टिक-टिक।
टिक-टिक।
टिक-टिक घोड़ा करता।

## हुलिया

पिंछले दिन के कूड़े से उगता है दूसरा दिन

जो गड्ढे खोदे थे। जो पेड़ लगाए थे
उनकी क़तार खड़ी हो गयी है

रास्ते पर खड़ंजे बिछाये। नाली साफ़ की
घर की पुताई की
एक-एक सामान क़रीने से लगाया
सब लोग नहाये इच्छित खाना खाया
हाथ के धुले प्रेस किये कपड़े पहने

जिधर नज़र डालता हूँ दिखायी दे रहे हैं
सबके ख़ुद किये हुए काम
हे प्रभु तुम मेहनत कर सकते हो
हुलिया सुधार सकते हो
तुमको प्रणाम।

## पप्र पवि पगो

जो सबको सुन्दर बना देता हो
यहाँ तक कि विचार को भी
किसी ऐसे के बारे में बताओ

परम प्रकट । परम विकट । परम गोपनीय
किसी सबसे सुन्दर के बारे में बताओ

तब बताया उसने उघाड़कर
जो वैसे बताने लायक़ न होता
सबसे सुन्दर दुनिया में
अपने से चिपका हुआ एक सुन्दर हिस्सा
परम प्रकट परम विकट परम गोपनीय
पापी पेट ।

## आज के दिन

जितने भी जंगल इस पृथ्वी पर हैं
उनकी छाया से गुज़रता हुआ
मैं देखना चाहता हूँ अपने को
धँगणगाँव जाता हुआ।